思想觀念的帶動者

文化現象的觀察者

本土經驗的整理者

生命故事的關懷者

Pema Chödrön

TAKING the LEAP

Freeing Ourselves from Old Habits and Fears

不被情緒綁架

擺脫你的慣性與恐懼

佩瑪・丘卓

雷叔雲——譯

HOLISTIC

探索身體，追求智性，呼喊靈性
攀向更高遠的意義與價值
是幸福，是恩典，更是內在心靈的基本需求
企求穿越回歸真我的旅程

本書為十七世大寶法王烏金・欽列・多傑
和吉貢康楚仁波切長久駐世而寫

This book is dedicated to the long life of both
His Holiness the 17th Karmapa Ugyen Trinley Dorje and
Venerable Dzigar Kongtrül Rinpoche

目錄

譯者序一

窗開了，風就吹進來

佩瑪．丘卓是甘波修道院（Gampo Abbey）的導師，修道院位於加拿大新斯科夏省的布里敦角島（Cape Breton Island, Nova Scotia）上，矗立在兩百英尺高的崖頂，俯瞰著清麗的聖羅倫斯灣（Gulf of St. Lawrence），是她的根本上師丘揚創巴仁波切（Chögyam Trungpa Rinpoche）為西方藏傳佛教修行人所創立的寺院，也是香巴拉傳承的道場。

她的著作《當生命陷落時》、《轉逆境為喜悅》、《與無常共處》、《不逃避的智慧》、《生命不再等待》、《無怨悔的世界：學習心靈安住的智慧》，莫不以溫柔卻明快的言語風格直入修行的各個面向，已為中文讀者所熟悉，她另有多套英語開示音碟，並未譯成中文。這本薄薄的小書係根據一套名為《脫身》（Getting Unstuck）的音碟整理出來，仍延續她一貫的說法風格，主題則緊扣「執著」和「放下執著」，全書以佛陀、作者的老師丘揚創巴仁波切和吉噶康楚仁波切（Dzigar Kongtrül Rinpoche）的法教，加上她的親身體驗，串成執著的面面觀。

執著三療程

解讀此處所說的執著，可說對應於「十二緣起」中的貪「愛」和執「取」的階段。這些字詞若聽起來太抽象，用藏文來說就是shenpa，有「上鉤」之意，說得更精確些，該是自願上鉤吧。如果還嫌遙遠了些，兩位仁波切又用觸摸毒葛（poison ivy）而引起的「癢」和「抓癢」為喻，我們雖不見得碰過毒葛，但癢的感覺多少是熟悉的。治癢有一個過程。

我們抓癢，原圖止癢，結果在短線的緩解之後，發現癢反而變本加厲，這就是書中提到的第一個療程「發現上鉤」。

一旦承認自己有個罩門，於是我們願意接受治療，遵從醫囑而禪修，學著安住在癢和抓癢的衝動當中，度過短暫的不適卻不去抓。為什麼能不抓呢？竅門在於停下來，慢下來，保持清醒，不黏著，不逃開，不抗拒，不發洩，不壓抑，不和稀泥，也不糊里糊塗，反去細密觀察那感受，貼近它，和它做朋友，和它同在，在慣性反應和當下醒覺之間造成一個暫時性的反差，便打斷了舊有的連鎖反應，這即是第二個療程「暫停下來」，是對當下一切完全的接納，完全的開放。一行禪師（Thich Nhat Hanh）和南傳上座部老師稱此為正念的修行（mindfulness practice）。

於是，癢和抓癢的衝動都因缺乏慣性的餵養而同時凋萎。於是我們帶著這一份放鬆而警醒的正念，接著做原來的事或該做的事，一失了念，再溫柔地重返當下。這是第三個療程「放鬆，邁步向前」，便開始了藏文所說的shenluk，也就是「脫鉤」。這並不是擺脫人事物本身，而是鬆脫黏附其上的執著，所謂「但除其病，而不除法」〔註一〕。書中最動人的例子，莫過於第七章中達賴喇嘛如何與他無心之失所造成的遺憾同在，卻不沉淪其中，仍能繼續全心救度眾生。

執著放下，眼界大不同

執著會以不同的面目出現，譬如我們遇順境就歡喜不迭，對逆境則避之唯恐不及，但如果鬆脫了自我中心的執著，順境和逆境便顯現出一層不同的意義。丘揚創巴仁波切說，理想的心靈旅程需要在「輝煌」和「苦難」之間取得平衡。如果全是輝煌，容易傲慢，和人類的痛苦完全失聯。如果都是苦難，從未增長智慧和喜悅，則易沮喪，乾脆放棄。

修行無論是順是逆，喜悅都讓我們走得更遠。吉噶康楚仁波切教我們注視正念的時刻，他說，只要注意到自己仍念著當初的發願，即使時間很短，都會為之喜悅；只要一注意到自己完全忘失了發願，也會因慶幸看到這個情形而感到喜悅。

放開，就開放了

本書第一章到第七章大體是有關個人的脫鉤，或者說如何揭開個人的開放、智慧和溫暖，第八章到第十章則漸漸進入幫助他人和整個世界。這並不是說個人和整體是兩回事，或者說先求個人的快樂，再進求整體的快樂，應該說是，個人的脫鉤從一開頭就不是為了自己，「為自己」恰恰是

一註——意為並不除去現象（法），只是除去現象上面所黏附的執著（病）。見《維摩詰所說經．文殊師利問疾品．第五》：「……我既調伏，亦當調伏一切眾生，但除其病，而不除法，為斷病本而教導之。何謂病本，謂有攀緣。……」

痛苦的開始；然而，若發下宏願為他人脫鉤，卻懵然不知自己仍在鉤絆當中，仍在不自覺地壯大「自我」、加強執著，便只會增生更多的糾纏和痛苦。因此，我們不會質疑菩薩道何以花這麼多力氣來探討個人的執著。

東南亞一帶的人誘捕猴子不過用個普通的木製小箱，上開小洞，猴子伸手進去取又香又甜的香蕉，手一握起就再也拿不出來了，殊不知，只要鬆手，放開香蕉，牠就完全自由了。

如果我們曾經這麼痛苦而恐慌地卡在陷阱中，後來卻能捨棄執著而脫身，就能對每個人上鉤的痛苦和脫鉤的快樂感同身受，故事各別，而感受則一，這是同理心的運作。然而，自己和他人、個體和整體並非截然的二分法，若頭皮癢了，手不是立即奔赴馳援嗎？若腳鉤住了，身體其他部分也不得安適。書中教導的兩個重要的方法：慈悲安住和施受法，不僅是同理心的落實，而且焦點完全放在他人的快樂上面。弔詭的是，我們不求一己的快樂，最後竟獲得了快樂，同時他人也得到了快樂，能說不是雙贏？

打開窗，讓風吹進來

開放、智慧和溫暖無法製造，不需要特地做什麼，反而是不做什麼，正所謂「為學日增，為道日損」。丘揚創巴仁波切說：「開放就像風，如果你打開門窗，風一定會吹進來。」這只是自然的規律。

如果我們正好奇自己為什麼抓癢抓個不停，或者已經知道不該抓，卻還忍不住去抓，這份開示正是教我們在那亂哄哄或熱烘烘的時刻，或那又紅又腫又灼熱的當兒，敞開一個間隙，只是停下觀察，只是發現，一如佛陀當年。那麼，智慧和慈悲的涼風便習習地吹進來了。

第一章

餵養好狼

許多人想要做出明智善巧的選擇，於是尋求各種不同的心靈修行，希望照亮生命，找到力量來處理困境。但是在這樣的時刻，我們決定用什麼方式生活這回事，得放在更廣大的脈絡中來看：也就是我們所愛的地球和它所處的不穩定狀況。

我們人類有潛力，可以跟舊有的習性脫鉤，彼此相愛，彼此關懷。我們也有能力，可以醒覺並生活得很有自覺。但是，你大概已經注意到了，我們也一直有很強烈的沉睡習性。我們好像經常站在十字路口，不斷地要決定往哪條路上走。每一個剎那，我們都可以選擇走向更清醒、更快樂，或者走向更迷妄、更痛苦。

許多人想要做出明智善巧的選擇，於是尋求各種不同的心靈修行，希望照亮生命，找到力量來處理困境。但是在這些時刻，我們決定用什麼方式生活這回事，得放在更廣大的脈絡中來看：也就是我們所愛的地球和它所處的不穩定狀況。

許多人認為心靈修行代表一種放鬆之道、內心平靜之道。我們總想要過得更平靜、更專注，誰不想呢？我們的生活那麼狂亂，又充滿壓力！然而，身處於這個時代，我們有責任要胸懷寬廣。如果說心靈修行能讓我們放鬆、內心平靜，這固然很棒——但是，這種個人的滿足能幫助我們解決世界上的問題嗎？主要的問題是在於，我們的生活方式是加深了這個世界的攻擊性和自我中心，還是人類亟需的清醒？

我們許多人非常關心世界的現況，我知道人們多麼希望事情會有所轉變，而且各處的眾生都能從痛苦中解脫出來。但老實說，一旦落到我們自己的生命上頭，我們可曾想過願望該如何落實？我們是否清楚自己的言行怎樣引起痛苦？即使我們認識到自己把事情弄得一團糟，我們是否想到如何停下來？這一直都是重要的課題，但在今日格外如此。這個時刻，讓自己從中脫身比讓自己得到快樂更重要。在自己身上下功夫，對自己的心和情緒更有自覺，也許是為眾生帶來福祉和讓地球永續的唯一途徑。

你選擇餵養哪一匹狼？

在九一一攻擊之後幾天，有一個故事開始廣為流傳，道盡我們的兩難之境。有一位美洲原住民的祖父跟孫子談到世界上充斥的暴力和殘酷，而那些又是怎麼造成的。他說，就好像有兩匹狼在他的心中打架，有一匹狼滿心報復和憤怒，另一匹則充滿智慧而仁慈。年輕人問祖父哪一匹狼會贏得心中之戰，祖父回答說：「我選擇餵養哪一匹，哪一匹就贏。」

所以，這就是我們的挑戰，我們心靈修行的挑戰和世界的挑戰——要如何訓練自己現在就餵養好狼，而不是等以後再說？我們如何召喚內心的智慧來分辨什麼有益，什麼有害？什麼會升高攻擊性，什麼能揭露善心？目前全球經濟低迷，地球的環境岌岌可危，戰爭開打，痛苦高升，現在正是我們每個人都要在自己的生命裡跨出一大步，盡一己之力來反轉情勢的時刻。即使給好狼一點小小的餵養，都有幫助。我們都同在一艘船上，過去如此，現在更是如此。

所謂跨出一大步，意指我們對自己並對地球下定決心——決心放下舊有的怨氣，不再躲避讓我們感覺不自在的人們、情況或情緒，不再依附舊有的恐懼、封閉的心靈、鐵石心腸、猶豫不決。這是我們信任自己有本初善（basic goodness），這地球上所有兄弟姐妹也有本初善的時刻了；這是我們培養信心，相信自己能夠掙脫舊有的固著，做出睿智選擇的時候了。我們做得到！就在此時此地。

我們可以透過每天的待人接物來幫助自己學習。我們跟不喜歡或不認同的人說話時——也許是家人，也許是同事——我們往往花很多的能量送出憤怒。儘管我們對自己的怨恨和自我中心再熟悉不過了，但那並不是我們基本的天性。我們基本上都能打斷舊有的慣性，所有的人都知道仁慈多麼能療癒我們，愛多麼能轉化我們，放下舊有的怨氣多麼輕鬆。只要稍稍轉換一下觀點我們就會認識到，別人發脾氣、說不厚道的話，跟我們自己做這些事是出於同樣的理由。只要有一點幽默感，我們就可以看到，我們的兄弟姐妹、我們的伴侶、我們的孩子、我們的同事把我們逼瘋，正如同我們把別人逼瘋是一樣的。

在這個學習過程中，第一步是對自己坦誠。我們大部分人都很會強化負面傾向，堅持自己是對的，結果憤怒之狼越來越兇狠，另一匹狼只能在旁用乞憐的眼神望著。但是，我們不必卡在這種生命狀態之中。當我們感到怨恨或是其他強烈的情緒，只要認識到自己的情緒激動起來了，當下就可以自覺地做出選擇：要攻擊？還是冷靜下來？簡單說就是，到底要餵養哪一匹狼？

我們本有的三項珍貴品質

當然，如果我們想要測試一下這個方法，就需要一些指標。要走在智慧揀擇的道路上是需要一些訓練的。這條道路需要揭露三種為人的特質，這三種基本特質我們一直都有，但是往往被埋沒或遺忘。這些特質是：天生本具的智慧、天生本具的溫暖，天生本具的開放。我所謂一切眾生都存有良善的潛力，就是知道在世界各地，每一個人都具有這些特質，都可以將之召喚出來自助助人。

我們一直都有天生本具的智慧，只要我們沒有陷在希望和恐懼的陷阱裡，我們本能就知道怎麼做才對。只要我們不用憤怒、自我憐憫或貪愛遮蔽住本有的智慧，我們都知道什麼是有益的，什麼又是有害的。我們擅長而純熟的情緒反應，令我們做出或說出很多瘋狂的事。我們很想要快樂和平靜，但是情緒一升高，原本用來達到快樂的方法只會令我們更加痛苦。我們的願望和行動經常都不一致。然而，我們都有基本的智慧，可以幫助我們解決問題，而不會把事情弄糟。

天生本具的溫暖是指我們具有愛心、同理心、幽默感的共有能力，也是感激、感謝和體貼的能力。這能力的整體就是我們常稱的心的品質，這種品質是人類天生本具的一部分。天生本具的溫暖有一種力量，可以療癒一切的人我關係——我們和自己的關係，和人、和動物、和日常生活中一切的關係。

第三個本初善的特質是天生本具的開放，像天空一般寬廣的心。基本上，我們的心是很寬廣、很靈活、很好奇的，也不妨說，那是還沒產生偏見以前的狀態。那是我們把心窄化成以恐懼為出發點之前的狀態，我們窄化到視每一個人非敵即友，要不是會對我們造成威脅的人，要不就是盟友；要不是喜歡的人，要不就是不喜歡的人，或者是根本不在乎的人。但基本上，我們的這顆心——你和我每個人都有的心，是開放的。

我們在任何時間都可以連結上這個開放性，例如，就現在，三秒鐘，先不要讀下去，暫停一下。

如果你可以這樣短暫地停下來，也許你會感受到一種零妄念的時刻。

稍作暫停，本具的智慧就來拯救我們了

另外一個察知天生本具的開放的方法就是，回想一個你生氣的時刻，有人說了或做了你不喜歡的事，你想找人算帳或想出氣的時候。現在想想，如果你當時可以停下來，深呼吸，把這個過程放慢，會怎麼樣？就在那時，你可以連結上你天生本具的開放。你可以停下來，給出空間，把力

量用在耐心和勇氣之狼身上，而非攻擊和暴戾之狼。在那個暫停的時刻，我們天生本具的智慧常常就來拯救我們了，於是我們有時間觀照：**為什麼**我們想去打一通令人不快的電話，說些不厚道話，或酗酒、嗑藥，或做其他什麼事情？

不可否認地，我們好想做這些事，因為我們相信這樣會緩解熱惱的狀況，也會帶來一些滿足、或者解決之道、或者舒適感——我們以為最後感覺會更好。但是如果我們暫停下來並且問自己：「事情過後，我**會**感覺好些嗎？」允許那開放性、那空間存在，給予我們天生本具的智慧一個機會，來說出一件我們早就知道的事：最後我們**不會**覺得比較好過。我們怎麼會知道呢？因為信不信由你，這並不是我們第一次卡在同樣的衝動、同樣的自動運作模式中。如果我們來做個民意調查，也許大部分人會說，在他們個人的生活中，攻擊性會餵養攻擊性，它升高憤怒和惡意，不會帶來平靜。

如果現在我們看到某人或聽到某個消息的情緒反應是立即生氣、或沮喪、或其他極端的情緒，那是因為我們培養某一種習性已經很久了。但正如我的老師丘揚創巴仁波切說過的，我們可以用自己的生命來做實驗，在下一個剎那，下一個鐘頭，我們可以選擇停下來，慢下來，或者靜止幾秒鐘。我們可以打斷舊有的連鎖反應，不要像以前一樣發作出來。我們不需要責怪別人，也不需要責怪自己，當我們處在緊要關頭時，可以試著不要去加強攻擊的慣性，看看會怎麼樣。

在這個過程中，暫停非常有用，它在全然的自我中心和當下醒覺之間創造了一個暫時性的反差。你只要停下幾秒鐘，深呼吸，然後再繼續進行原來的活動。你不需要把它變成一個專案計畫。丘揚創巴仁波切常常將之比喻為一道間隙，你停下來，便在你所做的事情當中造成一道間隙。越南籍的佛教高僧一行禪師教學時稱它為正念的修行。在他的道場和禪修中心，每隔一段時間便有人敲鐘，一聽到鐘聲，每個人都要暫停並且深呼吸，保持正念。在平常生活當中，我們常常陷入許多和自己的內在討論，這時，你不妨就停下來。

一天當中你都可以這樣做，也許一開始要記住有點困難，然而一旦開始，這樣的暫停便會滋養你，你會開始喜歡暫停而不喜歡被卡住。

人們只要發現這法子很有用，就會想辦法在忙碌的生活中停下來。舉例來說，他們會放一張牌子在電腦前面，也許是一個字，或者一張臉、一個圖像、一個象徵——任何可以提醒自己的東西。要不然他們就決定：「每次電話鈴響，我就停下來。」或者：「每當我走過去打開電腦，我要停一下。」或者：「打開冰箱時，在電話接通前，刷牙時……」你可以應用在一天當中經常發生的事。你還是照樣做著原來的事，然後，只花幾秒鐘，暫停一下，並自覺地呼吸三次。

慣性像衣服，可以穿上也可以脫下

有人告訴我，他們覺得停下來很不安。有一個人說，停下來就好像死掉了，這正說明了慣性的力量。我們常常把慣性行為跟安全感、踏實感和舒適感連想在一起，它給我們一種有東西可抓的感覺。我們的慣性一直移動、加速、對自己講話、把空間填滿。但是，慣性像衣服，我們可以穿上也可以脫下，然而我們太清楚了，只要我們非常執著於穿衣服，我們就不想脫下，我們會感覺暴露太多，在人前一絲不掛；我們會覺得腳下沒有實地、不安全，而且不知道會發生什麼事情。

我們以為逃避不自在的感覺很自然，甚至很明智。如果你很熱切地決定，每一次打開電腦就停下來，結果打開電腦的時候，你可能根本不想這樣做：「嗯，**現在**我沒法停下來，因為我急著做事，有四千萬件事等著我。」我們總以為這樣不能或不願慢下來，跟外在環境有關，因為我們的生活這麼忙碌！但是我可以告訴你，在我三年的閉關當中，我發現事情並非如此。我坐在一個小房間裡，望著大海，全世界的時間都給我了，我坐著安靜地禪修，這種不自在的感覺還是來了，我感到必須趕快過完這一節禪坐，好去做更重要的事。我這樣感覺時，發現我們所有的人都有一個根深柢固的習性，這個感覺說來很簡單，就是不願意全心活在當下。

在情緒飽漲的時候，或者隨便什麼時候，我們只要停下來，就可以搖落因恐懼而來的舊有習性。這樣一來，我們就創造了空間，觸及到我們心中本具的開放，而我們天生本具的智慧也會浮現。這個天生本具的智慧本能地知道什麼可安撫我們，什麼會攪動我們，這可以是一則救命的訊息！

一帖治癒痛苦的良藥

我們一旦停下來，也就是給自己一個機會碰觸我們天生本具的溫暖。心的特質一旦醒覺，便能切斷我們的負面情緒，這比什麼都管用。在伊拉克的一位美國士兵說了一個故事。他說，在最平凡的一天裡，他又一次目睹了他的幾個同袍——他所愛的人——被炸死了。又一次，他和師裡的弟兄決定要一報還一報。當他們知悉了幾個伊拉克人很可能是殺了他朋友的人，他們進入那些人黑摸摸的房子，因為滿心憤怒，又在一個充滿幽閉恐懼症的情況之下，能呼吸到的全是暴戾氣氛，士兵於是痛打那些人來發洩挫敗感。

然後他們用手電筒照那些俘虜的面孔，他們看到其中有一個不過是孩子，他有唐氏症（Down's syndrome）。

這個美國士兵有一個唐氏症的兒子，他看到那小男孩的時候，心都碎了，他突然對這情況有完全不一樣的看法。他可以感受到那小男孩的恐懼，他可以感受到伊拉克人跟他一樣也是人，他的善心強大到可以切斷他累積已久的憤怒，他沒法再殘酷對待他們了。在那天生本具的慈悲時刻，他對戰爭和他過去所作所為的看法，就這麼轉變了。

目前，世界上大部分的人都沒有辦法知道自己什麼時候會爆發，甚至想不到慢下來有多麼重要。大部分情況下，被攪起來的能量很快被轉譯成攻擊的反應和言語。但是我們每一個人都有智慧、溫暖和開放，如果我們能夠自覺地認識到正在生起什麼現象，就可以立即停下來，並揭露基本的人類特質。報復的想望、偏見的心靈，都是一時而且除得掉的，不是永續的狀況，就像丘揚創巴仁波切說的：「理智可永續，煩惱不過一時。」

為了能誠實面對生命中的痛苦和世界上的問題，我們應該慈悲並且誠實地注視我們的心。我們可以和仇恨的心、分裂的心、把某人變成「其他人」而且又壞又錯的心親密相處。我們無所畏懼而且用極大的仁慈，認識那匹憤怒、不肯寬恕、心懷敵意的狼。假以時日，我們對自己這部分會非常熟悉，但是我們不再餵養它了，反而選擇去滋養我們的開放、智慧和溫暖。這份選擇，以及接下來的心態和行動，會是一帖可能治癒所有痛苦的良藥。

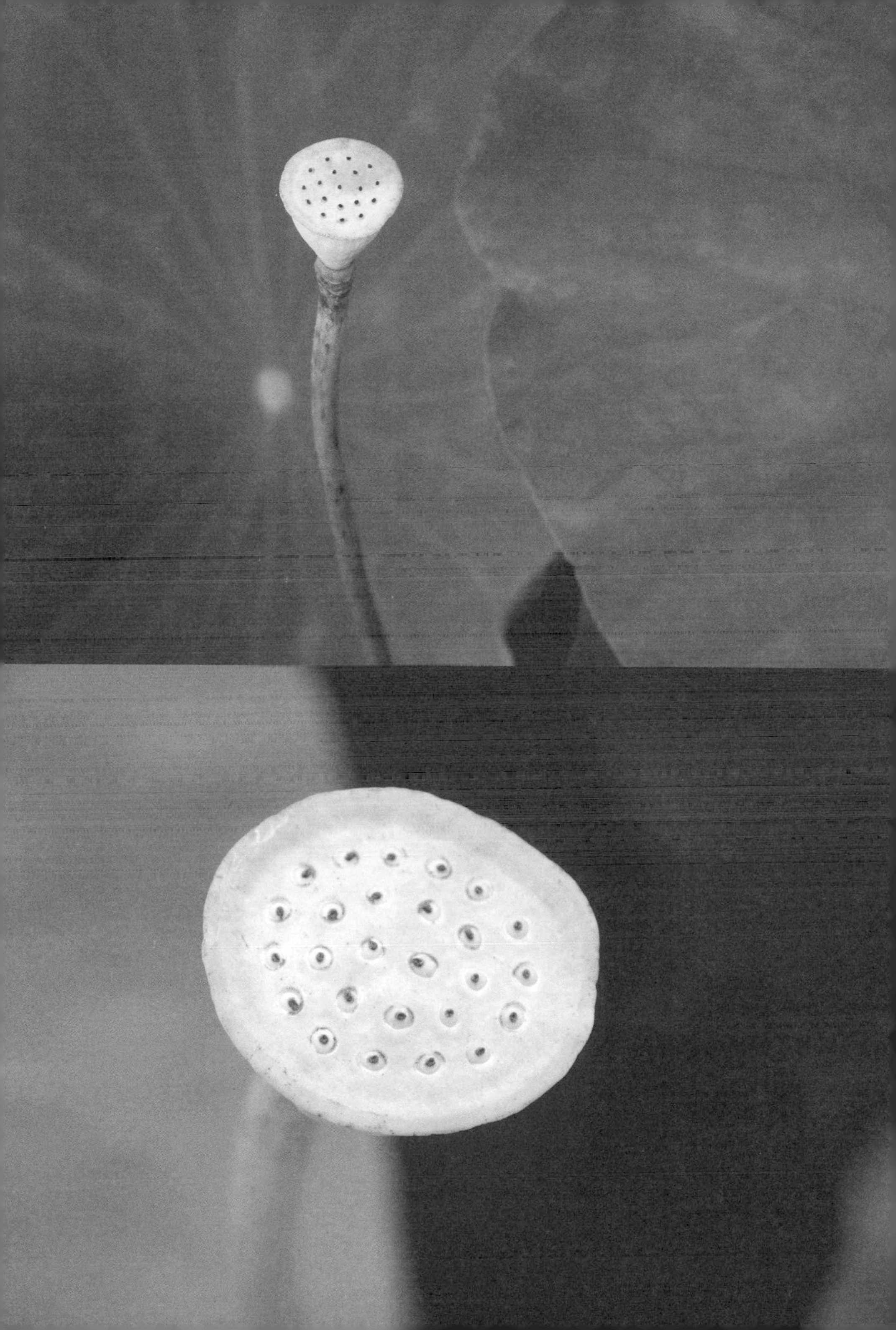

第二章

學習停駐

我注意到一些覺醒的人都是這樣的：他們對一切生起的現象有全然的自覺。他們的心不會隨便跑開到別的地方，他們只是和此時此地的混亂、安靜、嘉年華會、急診室、山邊同在，他們對生起的現象完全接納而且開放。這是最簡單，同時也最深刻的事——好像連續的暫停。

這條道路主要的焦點是做出智慧的抉擇，是訓練我們降低攻擊性，也是學習活在當下。在一天當中，經常暫停幾乎是不費吹灰之力的事，只要幾秒鐘，我們很快就置身當下了。禪修是另外一種學著活在當下的方法，又或者，一位學生形容得更傳神：學著一再回來，返回當下。事實上，學習過禪修的人很快就會發現，我們從來不曾全心活在當下。我還記得第一次接受禪修指導的時候，看起來多簡單：只要坐下來，舒舒服服地，輕微地覺知呼吸，一旦心散亂了便溫柔地回來，和呼吸同在。「這還不簡單！」然後有人敲了大鐘，要開始了，我試著做，結果沒有一個呼吸我能與之同在，直到大鐘再度響起，這一節禪修結束，我整節禪修都迷失在妄念裡。

那時候，我相信這是因為自己的弱點，只要我執意禪修，我很快就會變得很棒，能夠顧好每一個呼吸，也許有時候我會被別的事情分了心，但大部分的時間我會活在當下。現在差不多過了三十年了，我的心有時候仍然很忙碌，有時候則很靜止，有時候能量非常強勁，有時候則十分平靜。禪修時，什麼事情都會發生——從念頭，到呼吸短促，到視覺影像；從生理不適，到心理苦惱，到高峰經驗。每一件事都會發生，基本的心態應該是：「沒什麼大不了的。」這裡的要點是，如此一來，我們便訓練自己對一切生起的現象都敞開心門接納。

我注意到我認為的一些覺醒的人，都是這樣的：他們對一切生起的現象有全然的自覺。他們的心不會隨便跑開到別的地方，他們只是和此時此地的混亂、安靜、嘉年華會、急診室、山邊同在，他們對生起的現象完全接納而且開放。這是最簡單，同時也最深刻的事——好像連續的暫停。

毒葛毒到的小孩

但是我們絕對需要很大的鼓勵和具體的建議才能活在此時此地，並對生命敞開心門。這絕對不是我們習慣的反應。我的兩位佛法老師丘揚創巴仁波切和吉噶康楚仁波切都用過一個很有用的比喻，來形容生命雖不自在但仍須活在當下的難度。他們說，我們人類就好像小孩子，被毒葛毒到了。

因為想緩解不適，所以自動就想抓癢，看起來好像是很合理的事。面對自己不喜歡的事，我們就自動想逃避；換句話說，抓癢是我們慣性的脫身方法，我們努力去逃避根本上的不適、躁動和不安全感，或者是逃避不適的感覺：不好的事就要發生了。

我們還不知道，我們要是抓癢，毒葛就會蔓延。我們很快就會抓遍全身，越發不得紓解，我們越來越難受。

在這個比喻當中，孩子被帶去看醫生，醫生給了處方。這就好像我們遇見心靈導師，接受教法，開始禪修。禪修可以說是學習如何停駐在癢的感覺和抓癢的衝動當中，卻不去抓。禪修之後，我們訓練自己與一切感受同在，包括抓癢上癮的衝動，那種不計一切代價來逃避不適的衝動。我們訓練自己無論發生什麼事，僅只停駐當下，保持開放，醒覺。

如果照我們自己的方法來，我們會永遠抓個不停，尋找那永遠也找不到的緩解。但醫生給我們智慧的勸告：「你被毒葛毒得很厲害，當然治得好，只是你必須照著一些簡要的指示去做。如果你一直抓，鐵定會越來越癢。所以擦上這個藥，慢慢就會止癢，這樣你的痛苦就會減少，最後完全消失。」如果這孩子足夠愛自己，而且希望被治好，這不快樂的孩子自然會遵從醫囑。他會知道醫生說的話有道理，度過短暫的不適卻不抓癢，然後孩子漸漸就會受益。這並不是醫生或者什麼人會得到好處：而是你會得到好處！只要紅疹減少，你抓癢的衝動也就慢慢不見了。

大部分的人都知道，尤其是有嚴重上癮的人，我們需要花很長的時間來學習和癢同在。然而，這無疑是唯一的方法。如果我們繼續抓癢，不但會越抓越癢，而且會發現自己越來越像身處地獄。我們控制不了自己的生命，而且感到更加不適。我們試圖尋求緩解卻用錯的最典型的三個方法，就是追求享樂、麻痺自己、運用攻擊：我們要不就漠視，要不就攫取。我們也許還迷戀或氣憤他人，或是沉迷於自恨等抓癢的方式。

學著停駐在
不自在的感覺當中

在佛法中，我們不知足的根源在於自我中心，而且害怕置身於當下。我們很容易從開放和接納——一種活生生的、醒覺的感覺——變成退縮。我們一次又一次逃開不適感，轉而尋求短暫的紓解，從來沒有針對問題的根源來下手解決。我們好像一隻鴕鳥，把頭埋進沙裡，希望找到安適。這種從一切不愉悅的事中逃開，這種不斷逃避當下的循環，指的就是我們的自我中心、自我依戀，或者自我（ego）。

自我好比蟲繭，我們住在自己的繭裡，因為我們害怕——害怕生命會觸發我們的感受和反應，害怕會發生在我們身上的事。但是如果這樣的逃避策略有用的話，佛陀也就不需要教導我們什麼了，因為如果我們企圖逃避痛苦（一切眾生皆本能地訴諸逃避），能夠為我們帶來安全感、快樂和自在，那就沒什麼問題了。但是佛陀觀察到的是自我中心這樣努力尋找安全地帶，卻造成了更多痛苦。我們變得更脆弱，世界變得更可怕，念頭和情緒也變得越來越威脅我們。

我們可以用許多方法來說明自我，但它的本質就是我已經談過的。它是一種從未活在當下的感受。我們有很深的習性，幾乎成了強迫症，甚至在沒有明顯感到不適的時候也會散亂。每個人在任何時間都覺得有一點癢，背景裡總有著緊張、無聊和躁動的嗡嗡聲。如同我說過的，我在閉關期間幾乎沒有讓我分心的事，但即使在那裡，我還是感受到這種深度的不安。

佛法的解釋是，因為我們總是想在腳下找到實地來逃避不安，但這從來不管用。我們總是想去找尋一個永續的參考點，但它卻從來不存在。每一件事都是無常的，每一件事都不斷變化——流動、不固定，而且開放。沒有一件事像我們希望的那樣確定。這其實不算壞消息，但是我們經常自動去否定，我們完全不能忍受不確定性。

這種不安全感似乎是自我對不斷變動的實相的反應。基本上我們若感到不踏實，整個人就非常不自在。其實每個人都知道這種基本的不安全感，那讓人感覺很可怕。在我三年閉關期間，有一位女士跟我住在一起。她曾經是我很親近的朋友，但我們之間發生了一些事，我覺得她很恨我。

我們一起待在一間小房子裡，必須在狹窄的走道上擦肩而過，完全沒有辦法彼此避開。她非常氣我，不跟我講話，這讓我有很深的無力感。我常用的策略一點也不管用，我一直感受到沒有參考點、沒有確定感的痛苦。我過去覺得安全並且讓一切都在掌控中的方法完全無用。我試過多年來我教授給人們的所有技巧，它們完全失靈。

所以，有一天晚上，我既然睡不著，索性起床去禪堂，整晚坐著。我只是和自己赤裸裸的痛苦同在，對痛苦幾乎沒有產生什麼念頭。結果有一件事情發生了：我全然清楚洞察到自己的整個個性、整個自我結構，都是基於不希望自己無立足之地。我所做的事，我微笑的樣子，我和人們說話的方式，我努力去討好每個人——全部都是要避免感受到這種不踏實。我突然認識到我們整個外觀，我們唱的小歌、跳的小舞，都是努力不讓這種不踏實的感覺滲入生命。

只要學著停駐在不自在當中，我們就會對這個地方非常熟悉，然後漸漸地，漸漸地，它就失掉了威脅感。我們不再抓癢，反而會停駐在當下，不再試圖想要逃離那份不安全感。我們以為重溫創傷事件或者發現自己沒有價值，才是面對我們的魔鬼。其實它就只是停駐在你無處可去的不自在、不安靜的感受，並發現——你猜會怎樣？——我們不會死掉，也不會崩塌。我們其實會發現非常深刻的緩解和解脫。

發覺內心散亂了，就溫柔地返回當下

有一個活在當下的方法是暫停，看看四周，呼吸三次。另一個方法是靜止坐著並且傾聽，就只是傾聽房間裡的聲音。這一分鐘聽聽近處的聲音，下一分鐘又聽聽遠方的聲音。只要專注地傾聽。聲音不好也不壞，只是聲音而已。

也許有了這樣傾聽的經驗之後，你會發現你也有專注的能力，一種覺醒地活在當下的能力。另一方面，你的心也許會跑開。這種時候——無論你禪修的專注目標是呼吸、聲音、身體覺受或內心感受——只要你發覺內心散亂了，就溫柔地返回當下。你回來，是因為當下非常珍貴，稍縱即逝，而且，要是沒有參考點讓我們回來，我們永遠都不會注意到原來自己散亂了——結果我們又去尋找替代品，不想全心活在當下，不想留在此時此地，不想和事物原本的面目同在。

第三章

逃避的慣性

緩解痛苦的方法就是全然感受它，學著停駐，學著跟不安的感覺同在，和緊繃同在，學著跟癢和抓癢的衝動同在。隨著每一天，每個月，每一年過去，慣性連鎖反應便不再繼續統治我們的生命，無益的模式也不會繼續增強。

我們似乎都傾向從當下跑開，它好像記錄在我們的基因裡。在最基本的層次，我們不停地想這想那，然後就被帶離當下了。丘揚創巴仁波切告訴我們，妄想和實相的區別是：實相是全心活在當下，並碰觸直接經驗，妄想則是在念頭中迷了路。所有在高速公路上時速飆到一百四十公里的人，大部分都是分了心的。顯然，我們有一種自動運作模式讓我們在路上開車，或者同時做很多件事，或者吃東西，或者失念地做事。這種分心、沒有全心活在當下、沒有觸到直接體驗的模式，一般都認為是常態。

從佛教徒的觀點來看，生生世世，我們都在加強自己散亂的慣性。如果你不相信輪迴，只要看看我們這一生就夠了。因為我們當過孩子[譯註一]，我們加強逃避的習性，選擇妄想而非實相。不幸的是，我們逃了開，然後迷失在念頭、憂慮、計畫之中，居然還感到很舒適。它給我們一種假象的安全感，我們喜歡得很。

[譯註一]——指被毒葛毒過的孩子。

我聽過吉噶康楚仁波切說過一個很有用的教法，可將這種離開當下的自動反應看個清楚，就是*shenpa*的教法。一般而言，西藏文shenpa翻譯成「執著」，但是我一直覺得太抽象，沒有觸及到這個西藏字豐富的意含以及對我們的影響。

這個字也可以翻譯成「上鉤」——上了鉤的感覺——卡住的感覺。每個人都喜歡聽怎樣脫身的教法，因為那將直指痛苦的普遍來源。在毒葛的比喻中——我們深層的癢和抓癢的慣性——shenpa就是那種癢，也是那種抓癢的衝動。是想吸那根煙的衝動、吃過量的衝動，還有再乾一杯、說殘酷的話或說謊的衝動。

這就是shenpa在我們日常經驗中呈現出來的樣子。有人說了一句難聽的話，你心裡就緊繃起來：你馬上就上鉤了。這種緊繃很快就演變成責怪另一個人或者詆毀自己。言行和迷戀的連鎖反應發生得很快，如果你的癮頭很重，你馬上就去做了那些上癮的事，好掩蓋不舒服的感覺。這是非常個人的，別人說出來的話惹你難過——它觸發了你，但對其他人而言根本不會構成干擾。我們現在在說的特別指的是你個人的痛處——shenpa的痛處。

情緒、念頭和話語背後的能量

最根深柢固、最基本的shenpa是對自我本身：對自己身分的執著，自己認定的形象。一旦感覺到我們的身分受到威脅，我們的自我中心就增強了，shenpa自動生起然後便發作了——譬如我們執著自己的財物，或者觀點，或者意見。舉例來說，有人批評你，他們批評你的政治觀點，批評你的長相，批評你最親愛的朋友，shenpa就出現了。當這些話語進入腦袋——砰！它就在那裡了，shenpa並不是念頭或情緒本身，shenpa發生在語言之先，但是它可以很快餵養念頭和情緒。如果我們專注，便可以感覺到它生起。

如果我們在第一次生起就捕捉到它，那時它還只是一種緊綳、一種拉扯、一種領子下發熱的感覺，是處理得了的。於是我們可能好奇，為什麼會有衝動要做慣性的事，有衝動要鞏固我們慣常的重複模式。我們可以在身體上感覺得到，有趣的是，這從來不是新鮮事。它總是有一種熟悉的味道，一種熟悉的氣息。當你開始接觸shenpa時，你會感覺到這一直不斷出現。它讓你感到在這不停變動、移動、無常的世間裡有一種潛藏的不安全感——只要我們不斷努力想在腳下找實地，這種不安全感是每一個人都感覺得到的。

有人說的話觸發了你的情緒，你不必回去研究一下你為什麼被觸發，這不是自我分析，也不是創傷的探索。這只是「噢，噢」，你感覺自己有點緊綳了。一般而言，第一次生起時我們是捕捉不到的，比較常見的是，我們發作了一陣或壓抑了一陣，才認識到自己陷下去了。

吉噶康楚仁波切說shenpa是情緒、念頭和話語背後的能量。舉例而言，只要話語背後有shenpa的力量和能量，就很容易變成仇恨的話語，任何話語都可以轉變成種族的誣蔑，變成一種攻擊的語言。你說一些有shenpa的話，在別人心中製造shenpa，這人就祭出防衛反應。要是我們不去審思，shenpa就像高傳染度的疾病，蔓延得非常迅速。

現在有一個字，常常是用來把中東人非人化。我聽過美國士兵在出發之前學過這個字，這個字是*haji*。有位士兵告訴我，他常常聽到「沒關係，他們只是*haji*」，來讓虐待或殺害無辜平民的舉動變得合理。令人沉痛的是，在伊斯蘭文化中，這個字有非常正面的意含，它是尊稱一位到過麥加朝聖的人。所以文字本身是中性的，是我們加上的能量讓事情變得不一樣。只要有shenpa，*haji*這個字就是蔑視他人，就成了仇恨和暴力的語言。若沒有那樣的能量，沒有那樣的熱度，同樣的字在聽者的心靈和心智中會產生完全不同的反應。

永遠不要排拒問題，而是要非常熟悉它

我們都用過 shenpa 的字眼，我們大可以永遠不用帶有種族歧視的字眼，但我們有別的說法來揶揄別人。只要你不喜歡某人，連他們的名字都可以變成 shenpa 的字眼。舉個例子，當你說到你終身的死對頭珍，或者你向來討厭的哥哥比爾，你連說他們名字的聲調都呈現出不屑和攻擊。

你可以很容易注意到別人的 shenpa，如果你正和某人說話，他們正聽著，然後你說了某些事情，你看到他緊綳起來，你有點知道你碰到了敏感地帶，你看見他們的 shenpa，但他們可能根本不自覺。

當我們很清楚看到別人身上發生的事，我們便具有天生本具的智慧了。我們本能知道我們努力去溝通的事情一時不會成功，這個人的心關閉了，他因為 shenpa 而關上了大門。我們天生本具的智慧告訴我們，別再說下去了，而且別再繼續推銷我們的觀點。我們本能地知道如果我們繼續傳

播shenpa的病毒，沒有人會是贏家。

只要有不自在，或者躁動，或者無聊——只要有任何形式的不安全感——shenpa就出現了。我們都是這樣，如果我們熟悉它，我們完全可以感覺到那股不安，我們完全可以感受到shenpa，而且久而久之便學到：不發作對每個人都好。

不發作，或者說自制，是非常有趣的。在佛法中也稱為捨離（renunciation），捨離的西藏文為*shenluk*，是指將shenpa顛倒反轉過來，完全擺脫，也是指脫鉤。捨離並非指捨棄食物、性或者生活方式。我們說的不是放棄事物本身，而是指鬆脫你的執著，也就是對這些事物的shenpa。

一般而言，佛法鼓勵我們永遠不要排拒問題，而是要非常熟悉它，畢竟它已經存在了。佛法敦促我們認識自己的shenpa，看得一清二楚，全然地感受它——不發作，也不壓抑。

如果我們願意認識自己的shenpa，直接地感受它，我們天生本具的智慧就開始引導我們了。我們開始預見到整串連鎖反應，而這又將導向什麼結果。我們就會有一些智慧了——對自己和他人慈悲的智慧，這跟自我的恐懼毫不相干。這是我們的一部分，這個部分知道自己可以連結上本初善，可以基於本初善、基本的智慧、開放和溫暖而生活。假以時日，這個智慧的力量比shenpa還強大，我們甚至可在它還沒有發生以前，自然停下這連鎖反應；甚至可在攻擊性還未發展出來以前，自然地預防它成為傳染病。

不落入偏見的心

在我個人的訓練中，老師一直教導我不要陷於接受和拒絕之間，不要陷入偏見的心。丘揚創巴仁波切尤其強調這一點。有一陣子，這對我造成一個問題：「這是不是說我不該有偏好，像是喜歡某一種花或某一種食物，而不喜歡另一種？如果不喜歡生洋蔥或廣藿香油的味道，或者對佛教特別親切自在，對其他哲學或宗教便非如此，是不是有問題？」

我一聽到shenpa的教法，困境就解除了。問題並不出在有無偏好，而是背後的shenpa。如果人家給我生洋蔥時，我生氣了，如果一看到生洋蔥就觸動我的反感，那麼偏見就很深了，我很明顯是上鉤了。如果我發起反生洋蔥運動或寫一本反廣藿香油的書或開始攻擊另一派哲學或宗教，那就是shenpa了，那就非常嚴重了。我的心智和心靈關閉起來了，我對一己的觀點和意見非常投入，凡跟我想法不一致的人就是敵人。我成了基本教義派：認為自己絕對正確，碰到想法不同的，我就關閉心門。反過來說，馬丁・路德・金恩（Martin Luther King, Jr.）和甘地兩個人都是好例子，我們可以採取堅定的立場，大聲疾呼卻沒有shenpa。他們所表現的是，沒有shenpa並不會導向驕傲自滿，反而是開放心靈和慈悲的行動。

當然，我們也會被正面經驗鉤住，就跟被負面經驗鉤住一樣。只要我們真的很想要某一件東西，shenpa就生起了，這對禪修者是很常見的經驗。你在禪修，體驗到安頓、平靜、身心健康的感覺。也許念頭會生起又消失，但是它們引誘不了你，你可以重返當下，沒有一點掙扎的感覺。於是，很諷刺地，你就對你的成功非常執著了：「我做對了，我知道怎麼做了，禪修就是這樣，這是個典範。」但這並不是「對」或「好」的問題，它本來如此。因為有shenpa，你就被正面經驗鉤住了。

於是下一次你禪修的時候，你執著家裡的某個人、工作上未完成的事、好吃的食物，你憂慮而且發愁，或者你感到恐懼或貪愛。當你想把野馬般的心套上繮繩，但它拒絕馴服，最後，你覺得這場禪修可怕極了。因為失敗了，於是你責怪自己。但是禪修並不「糟」，它本來如此，因為有shenpa，你便執著於失敗的自我形象。它就是在這裡黏上人的。

悲哀的是，我們全心努力的，就是不去感覺潛藏的不安。更悲哀的是，我們繼續用這樣的方式進行，只會覺得更不安。這給我們的訊息是：緩解痛苦的辦法就是全然感受它，學著停駐，學著跟不安的感覺同在，和緊繃同在，學著跟癢和抓癢的衝動同在。隨著每一天，每個月，每一年過去，慣性連鎖反應便不再繼續統治我們的生命，無益的模式也不會繼續增強。

有人曾送我一個骨頭形狀的狗牌，可以穿一根繩子戴在脖子上，上面寫的不是狗的名字，而是「坐下，停駐，療癒」。我們可以這樣訓練自己，療癒自己和世界。

你一旦看到你的所作所為，你如何上鉤，如何失控，就再也傲慢不起來了。誠實認識自己，讓你軟化，讓你謙卑，也讓你對本初善生起信心。只要我們不再因為強烈的情緒而變得盲目，只要我們給自己一點空間、一個間隙的機會，只要我們停下來，我們自然知道該怎麼做。因為我們本身的智慧，我們開始放下、無懼；因為本身的智慧，我們慢慢不再強化習性，帶給世間更多的痛苦。

第四章

生活自然的律動

生命的能量從來不是靜態的，它像天候一樣移動、流動、變動。有時候我們喜歡自己的感受，有時候不喜歡，然後我們又喜歡了，然後我們又不喜歡了。快樂和悲愁，自在和不安，不斷交替，每個人都是這樣的。

我們是一個混合體，是由侵略和慈愛、鐵石心腸和溫柔敞開、小心眼和寬恕的開放心靈交織而成的。我們並不是固定、可預測、靜態的實體，不是每個人都可以指著我們說：「你總是這個樣子，你總是沒變。」

生命的能量從來不是靜態的，它像天候一樣移動、流動、變動。有時候我們喜歡自己的感受，有時候不喜歡，然後我們又喜歡了，然後我們又不喜歡了。快樂和悲愁，自在和不安，不斷交替，每個人都是這樣的。

在我們對事物的觀點和意見、希望和恐懼的背後，總有生命動態的能量，不會被我們的喜歡和不喜歡的反應改變。

我們如何看待這種動態的能量非常重要。我們可以學著放鬆地與它同在，認識它是一個基底，是生命自然的一部分；或者，我們也可以覺得它是不確定的感覺，沒有東西可以讓我們抓住，然後這引起了我們的恐慌，連鎖反應馬上開始。於是我們恐慌，我們上鉤，這時我們由慣性接管，我們想的、說的和做的都可以預見。

我們的能量和宇宙的能量都不停流動，但我們很不能忍受這種不可預測性，我們看不到自己和世界是一個令人興奮的、流動的情況，總是新鮮、嶄新的；相反地，我們反而陷入窠臼——「我想要」和「我不想要」的窠臼、shenpa的窠臼、被個人偏好鉤住的窠臼。

全然去感受一切
愉悅或不愉悅的潮起潮落

我們不安的來源，源自於無法實現對永續的確定和安全、對可以牢牢抓住的堅實東西的想望。我們不自覺地以為如果我們找到對的工作、對的伴侶、對的什麼事，我們的生命就會一帆風順。只要有意料之外或不喜歡的事情發生，我們就覺得事情不對勁了。我相信我沒有誇張我們對自己的感覺。在最世俗的層次，我們很容易受到觸發——有人插隊到我們前面、患了季節性過敏、想去吃晚飯時發現喜歡的餐廳關門了。我們從未受到鼓勵要全然去感受情緒、健康、天候、外在事件——愉悅或不愉悅——的潮起潮落。我們反而陷在恐懼、狹窄的模式中，不斷逃避痛苦、尋求舒適。這是普世的困境。

只要我們停下來，允許一個間隙存在，深呼吸，我們立即感到心曠神怡。我們突然慢下來，向外看，世界就在那裡。好像是站在龍捲風眼之中或是轉動之輪的靜止點上。我們的情緒也許很激動或很愉快，我們看到和聽到的也許是一團混亂，也許是海洋高山，也許是飛鳥劃過藍空。無論是哪一種，我們的心在那時是平靜的，沒有被我們的感受拉進或推遠。我們也許覺得這種暫停很彆扭、很恐怖、很不耐煩，自我覺知得極為尷尬。

這是一個非常激進的方法，它鼓勵我們無論感受是什麼，都覺得自在，開始放鬆，靠近它。我們要放下故事情節，就只是停下來，看出去，然後呼吸。僅僅是活在當下幾秒鐘，幾分鐘，幾個鐘頭，或者一生。當生命一步步揭露時，用我們變動的能量和生命的不可預測性，全然如實參與一切原原本本的感受。

轉化的機會，醒覺的開放通道

在覺醒的旅程中，在學習活在當下的旅程中，最好在shenpa一生起時便認出它。它也許很微細，只是一點點的輕扯或不由自主的緊繃，它也許是一頓脾氣或充滿情緒能量。都無所謂，真的，無論你捕捉到的shenpa是餘燼還是森林大火，只要你採取第一步，知道你上了鉤——即使非常短暫，這已經打斷了一個遠古的慣性反應，打斷了自動運作系統和逃避的動能。你非常醒覺，自覺你上鉤了，也自覺你現在有一個選擇：是加強shenpa？還是採取不一樣的作為？充滿情緒能量的時刻，你可以進一步升高強度，也可以選擇停下來，感受你不自在的能量，卻不必掙扎。

我們不必視shenpa為一種需要克服的障礙，反而可以看成是一種轉化的機會，一種醒覺的開放通道。只要我知道情緒受到觸發，就把它想成是一個中性的時刻，一個片刻，一個真理的時刻，我可以走這一條路或者另外一條路。我在此提倡的是，在那個珍貴的時刻裡，我們選擇走向快樂和解脫，而不是選擇不必要的痛苦，遮蔽住我們天生本具的智慧、溫暖，以及在生命自然律動中保持開放和活在當下的能力。

不用慣性來抓癢

古代希臘神話中的英雄尤里西斯（Ulysses）要被強烈的誘惑席捲時，示範了一個自覺地選擇接納和活在當下的勇氣。當尤里西斯在特洛伊戰爭之後，從希臘航行返回家鄉，他知道船會經過一個非常危險的地帶，那裡住著一群叫賽倫斯（Sirens）的絕色美女。他被警告說，這些女子的召喚不可抗拒，水手們往往不由自主地把船開向賽倫斯，然後撞向巨石而溺斃。然而，尤里西斯很想聽聽賽倫斯的歌聲，他也知道如果任何人聽到她們的聲音而不把船開向她們，她們就永遠失去魔力並且凋萎。他深受這個挑戰所吸引。

當船靠近賽倫斯的家鄉，尤里西斯告訴水手用蠟耳塞把耳朵塞住，再把他緊緊綁在桅桿上，無論他如何掙扎示意，無論他如何怒氣沖沖命令他們割斷繩子，他們都不能把繩子解開，直到船進入熟悉的領域，聽不到賽倫斯的歌聲為止。你可能想像得到，這故事後來皆大歡喜，水手聽從了指示，尤里西斯辦到了。我們或多或少都必須穿越這樣的不安，不聽從我們個人的賽倫斯召喚，以踏入覺醒的開放通道。

單單只是在shenpa生起時做出不同的回應，我們每個人就都可以成為主動的參與者，創造出一個非暴力的未來。時值今日，像你我這樣的人如何看待上鉤，具有全球性的意義。在那個中性的片刻，在那個充滿情緒能量的時刻，我們要選擇走哪一條路的時候，我們是自覺地強化舊有恐懼的慣性？還是如實、全然感受那份不安、躁動的能量，讓它自然地放鬆，穿流過去？這樣的機會絕對不少，可供處理的材料也絕對不缺。

我已經仔細看著這樣的過程許多年。我們很容易便看得出來，僅只是和我們的動態能量放鬆地同在，讓它以本來的面目呈現，不離開或逃避，那是需要勇氣的。我們需要尤里西斯的勇氣、決心和好奇心，對shenpa的能量——對癢和抓癢的衝動——敞開胸懷接納，並且不再像以前一樣，用慣性來抓癢。

第五章

脫身

在知道自己上鉤的中性時刻，我們和自己對話。從有一點不安，下顎或胃部些微的緊繃，轉變成不厚道的話語、輕蔑的姿態，甚至使用暴力。但是如果我們不用故事情節去點火或凍結它，它會變成灰燼，慢慢消逝，能量會退潮，然後自然流走。

有關shenpa，我觀察到三件事：第一，我們的故事情節會替它火上加油；第二，下面有一層底流；第三，嚐到後果——而且滋味往往不是那麼好受。舉例而言，我們感覺寂寞，shenpa自動便生起了——shenpa的中性時刻就生起了。但是我們不去認識有什麼事情發生，不去醒覺或乘著能量的浪頭，反而自願去上鉤：我們開始飲食過量、狂歡作樂，或猛力抨擊他人，結果就有一個shenpa後的shenpa生起，我們因為又被shenpa接管而上了罪疚和自我貶抑的鉤，這故事可以經年上演，一個shenpa展開一連串連鎖反應，生出更多shenpa，不一而足。

在探索shenpa的過程中，我了解到，我們應該放下故事情節。這是我們在知道自己上鉤的中性時刻，我們和自己的對話。從有一點不安，下顎或胃部些微的緊繃，轉變成不厚道的話語、輕蔑的姿態，甚至使用暴力。但如果我們不用故事情節去點火或凍結它，它會變成灰燼，慢慢消逝，能量會退潮，然後自然流走。

在禪修中，老師教導我們要如實知道我們什麼時候在思考，然後放下念頭，全心回到當下——回到丘揚創巴仁波切所說的原點（square one）。不斷回到原點，就算原點是急躁、躁動，充滿shenpa，你仍然要回到那裡。shenpa本身並不是問題，不能如實知道自己上鉤的無明，毫不自覺然後發作的無明——這才是問題。若要反制它，我們就需要帶著極大的慈悲去注意我們上鉤了，以及接下來那一連串熟悉的連鎖反應。我們要訓練自己放下故事情節，放下shenpa的燃料。

這很難做到，因為你一定會覺得非常不自在。當你不再去做那些慣性的事，一定會感覺到痛苦，我稱之為排毒時期。長久以來，你一直都在做些可預料的事，好逃開不安、不自在、脆弱的感覺，而現在你不再這樣做，所以會有一種很不舒服的感覺。這需要調適並修習仁慈和耐心，它需要開放和好奇心，來觀察接下來會發生什麼事。如果你不再為故事情節的不安火上加油，會怎樣？如果你能安住在不斷變動、流動、普世的能量，會怎樣？如果你停下來並擁抱生命自然的律動，會怎樣？

你在過程中將很快學到的是，不與能量同在會出現的後果。如我所說，你會學到，故事情節餵養shenpa，它有一個底流，而且必定產生後果。

這個底流非常強勁，正如吉噶康楚仁波切說的，shenpa的特質之一，就是非常難以放下。想討回公道的衝動，貪愛的力量，全然的慣性力量，就像磁鐵把我們吸引到一個熟悉的方向，所以我們一再選擇短線的滿足，但長期來看，我們卻是卡在同樣的循環之中。如果你做得夠多了——尤其是如果你自覺地經驗了這樣的循環——你便知道後果是顯而易見的。

當我們停下來，呼吸，並且和這個能量同在，我們可以清楚預見去咬鉤餌會有什麼下場。慢慢地，與躁動能量同在時，或者在全然參與我們的經驗卻不受「我喜歡」或「我簡直是不能忍受這種感覺」的shenpa引誘的旅程中，這種理解、這種天生本具的智慧將會給我們助力。吉噶康楚仁波切有一次指出，也許你不能忍受某種特定的感覺，但你若不順著感覺來行動，反而可以非常、非常了解這個不能忍受的感受。西元八世紀的佛教高僧寂天菩薩把這比喻為自願進入一個痛苦的療程，以治好長期的痼疾。

學習與不安情緒的能量同在

若要學著和不安情緒的能量同在，有一種正式的修行，是一種將負面情緒的毒轉換為智慧的修行。它與煉金術——中古將賤金屬煉成黃金的技術——類似，但是你不需要扔掉賤金屬，你並不是丟棄它然後用黃金取代；這個生金屬本身就是珍貴的黃金。西藏人常常用的比喻是孔雀吃了毒物，尾羽反而更光彩眩目。

這種轉化的修行，正是指情緒觸發時，敞開心懷接納自己的能量。有下面三個步驟：

第一步，知道你上鉤了。

第二步，暫停下來，自覺地呼吸三次，然後貼近。貼近能量，和能量同在，全然感受它，品嚐它，觸摸它，嗅聞它，對它好奇。身體裡感覺如何？產生了什麼念頭？讓自己跟癢的感覺和執著的衝動非常親密，繼續呼吸。這個階段中有一部分是，學著不要受執著之動力所引誘。就像尤里西斯，我們可以找到一條既聽到賽倫斯的召喚，又不受引誘的途徑。這是一個保持醒覺和慈悲的過程，打斷了衝力，卻不造成傷害。只要不說話，不行動，感覺這個能量，跟自己的能量和生命的潮起潮落同在，不要拒絕這個能量，反而去擁抱它。這樣的貼近是非常開放，非常有好奇心，而且非常有智慧的。

第三步，然後放鬆，並且邁步向前。繼續過日子，別讓修行成為了不得的大事，或者耐力測試，或者有輸有贏的競賽。

這種修行最大的挑戰是去擁抱躁動的能量，對它保持醒覺而不自動跑開。我們第一次實驗的時候，會發現自己可以跟不愉悅同在，而且短暫地將自己從混亂中拉出來。在這之後，慣性又自動接管了。

我鍾愛的七歲孫子彼特（Pete）是一個很好的例子。生命的不公平常叫他生氣。彼特有開放的個性和幽默感，但只要他崩潰，所有的聰明才智都不見了，只能受故事情節擺佈：「我的小弟什麼都有，我什麼都沒有！」

「世界很不公平，我是個犧牲品！」和他講理當然講不通，他很快就開始胡鬧，氣得發抖。

那時候彼特迷上「星際大戰」（*Star Wars*）系列電影，所以有一天又發生這種情況的時候，我問他：「如果是歐比王．肯諾比（Obi-Wan Kenobi），他會怎麼辦？」彼特的臉上出現一個好奇、接納的表情，我可以看出來他在想我的問題。他開始坐直身子而且微笑起來，突然表現得像個很有自信的人，但接下來他就不能抗拒了——又開始編造故事情節了，都是關於他弟弟拿到這個、拿到那個，他從來沒得到什麼，又開始鬧脾氣了。我找到機會再一次提醒他歐比王．肯諾比，結果非常、非常、非常短暫的一下子，他又振作起來，有了一種天生的高尚氣質。

我們所有人一開始都是這樣，在失控前很短的時間中，可以觸到我們內在的力量，我們天生本具的開放，這是打斷並減弱我們舊有的慣性極佳的、英勇的、巨大的一步。如果你能保持幽默感，長久與它同在，活在當下的能力會自然發展出來。慢慢地，我們會失去咬鉤餌的胃口，也失去了攻擊的胃口。

如果我們選擇這樣修行，先從 shenpa 小小的發作、經常生的小小悶氣練習起，這樣比較明智。如果我們習於逮住自己，認識到我們上鉤了，在這些平常的情況中我們就可以停下來，那麼，等到更大的動亂來臨時，我們就會自動具有這種修行。如果我們以為自己可以什麼都不做，然後在重大危機降臨時這種修行會自動顯露出來，可就大錯特錯了。

路上的行車交通是很可以處理 shenpa 的機會。想想看，我們對於別人的駕駛習慣，或者某人停進了一個你要停的車位，我們生起了多少能量。與其失念地餵養著自己的憤怒，我們反而可以認識這是一個轉化的大好機會。

認識到你上鉤了。（如果可能的話，帶點幽默感）

暫停下來，自覺地呼吸三次，貼近能量。（如果可能的話，帶著仁慈）

放鬆並邁步向前。

最睿智的方法就是：試著這樣修行。我們在生命中嘗試，今天、明天，當下——只要我活著，我們就這樣生活。

有時候唯一的方法是吃些苦頭

有時候我們唯一的方法是吃些苦頭，我們也許知道自己上鉤了，但仍然照做著我們慣做的事——我們可以做個自覺的實驗，來看看結果如何。我們只要有自覺，就可以從錯誤中學習。

我舉個例子，說明這有多痛苦。有一次我在女兒家過夜，不知道為什麼我覺得滿心不對勁。在那棘手的情緒下，我接到一封教人生氣的電子郵件，shenpa已經滲出，很快就帶著報復心生起了。你們可能都有過那種接到電子郵件或電話留言的經驗。那是星期天晚上，我決定不直接和那位寄來電郵的女士直接講話，而打了一通電話到她的辦公室，留下一個憤怒的留言。等她星期一上班的時候，一定會聽到我的留言。我覺得自己很有道理，因為我知道我站在一個有力的位置，基本上，我一定會得到我想要的，因為這個公司需要我的合作。

故事情節讓我盲目，我於是想著：「我就打算這樣說，要她嚐嚐我的厲害！」現在想到我說的令人厭惡又傲慢的話，特別是那種「你知道你在對誰講話嗎？」的語氣，我就感到十分難為情。

後來我掛掉了電話，當然還陷在shenpa的痛苦裡，告訴自己打這通電話是對的，頑固地強化我的義憤。女兒坐在一旁，目睹了來龍去脈，她臉上的表情是我從來沒見過的。她絕對是大吃一驚，她接下來說的話，當時我覺得是很大的恭維，因為那時候我六十八歲，她才四十幾歲。她說：「媽，我從來沒有看過你這樣失控。」我覺得這樣很好，但還是讓shenpa控管，繼續合理化自己所做的事。我看到女兒對於我發脾氣如此驚異，我終於回復了理性。我只能對自己說：「做都做了，就看接下來會怎樣了。」

接下來的事，是我的確得到了我想要的——用世俗的話語來說，你可以說我贏了，可是那位女士再也不會用同樣的眼光看我了。到今天為止，她仍非常有禮貌而且公事公辦，但是她內心必有轉變，因為她一向視我為心靈導師，而且具備所有的修行，結果她居然聽到這個神經質巫婆的電話留言。我當然說了抱歉，但也無濟於事了。幾乎我們每次見面的時候，我都道歉，說了一年，但無法改變已經發生的事實。所以我得到一個很寶貴的教訓，有時候我們必須吃點苦頭才學得會。

從平凡日子裡的小麻煩練習起

寂天菩薩提醒我們，當shenpa還是輕量級的時候，對小小的麻煩要「用小小的耐心來忍受」，「我們如此就在訓練自己如何處理更大的逆境」。忍耐著學習保持我們的莊嚴，不要失控，當困難還在可以處理的範圍內，不要排拒自己的能量，我們藉此訓練自己處理困難的時刻。如此一來，我們就能夠在不久或很久以後，處理發生在我們身上充滿各種情緒的情況。

當然，你或我都不知道逆境——不論是個人或集體的經驗——會不會到來。事情會變得更好，也會變得更壞。我們可能繼承一筆遺產，我們摯愛的人可能罹患不治之症；我們可能搬進一棟自己夢想的房子，我們的住所也可能在一夕之間就被燒燬；我們可能再健康也不過了，也可能一夜之間變成殘障。在全球的層次，事情可能改善，也可能變壞；自然環境和經濟情況可能穩定下來，也可能發生災難。我們不確定現在的情況會走向何方，下一步又如何。然而，我們既不必做末日的預言家，也不必一直生活在恐懼中。我們的情況絕對是可以處理的。利用平凡日子中小小的麻煩，我們學著不去咬鉤餌，如此就可以用慈悲和智慧來處理我們面前發生的一切。

第六章

我們需要的，皆已具備

無論過去發生什麼事，現在我們就可以負起責任，慈悲地處理老舊的習性、念頭和情緒。我們可以不再想著是誰傷害了自己，而是幫助自己脫身。如果有一支箭射入我的胸膛，我可以大罵攻擊我的人，同時任這隻箭化膿潰爛，也可以盡快地把箭拔出來。

佛法鼓勵我們處理自己狂野的心和情緒，因為這是解決迷妄和痛苦的上策。我們不應陷入誰對誰做了什麼的戲碼，只要知道我們都會情緒激動，然後停止用劇情為情緒火上加油就好了。這做起來並不容易，卻是身心健康的關鍵。在禪修當中，我們訓練自己放下念頭，一次又一次，一遍又一遍，直接對治不知足的根源。我們讓出空間，來觀察我們把自己卡住的機制。

在這方面，多生多世輪迴的教法非常有趣。在這一生中，也許某人傷害了我們，知道這一點固然很有用，但從另一方面來說，也許我們的受苦是源自一個更遠古的創傷，也許我們已經帶著同樣的習性、同樣的反應方式，一生又一世，我們的創傷不斷地生出同樣的戲劇情節，陷入同樣的困境。

無論我們是否相信輪迴的可能性，如果shenpa的習性正現起，這種的思考還是很有用，它能夠激勵我們將重點放在看穿shenpa，而不再住在過去的痛苦之中。無論過去發生什麼事，現在我們就可以負起責任，慈悲地處理老舊的習性、念頭和情緒。我們可以不再想著是誰傷害了自己，而是幫助自己脫身。如果有一支箭射入我的胸膛，我可以大罵攻擊我的人，同時任這隻箭化膿潰爛，也可以盡快地把箭拔出來。在這一生中，我可以改變我生命的情節，不再重蹈覆轍。同樣的事會一直觸發相同的感覺，除非我們和它交朋友。我們的態度可以是我們又得到了一次機會，而不是說自己又做了一個虧本生意。

在某個片刻暫停下來，並且碰觸到你現在的感覺。如果你可以先回想那正在煩擾你的事，會更有用。如果你可以觸到憂慮、無望、不耐煩、怨恨、義憤或貪愛的感受，會特別值得。

給自己一個或更多那樣的片刻，去碰觸那特質、心情、身體覺受，卻不生起故事情節。這種不自在的經驗，這種熟悉的身體覺受，像是胃部中有一大股氣，可以造成身體和臉部的緊繃，生理上的痛——這種經驗本身並不是問題。如果我們能對自己的情緒反應好奇，如果我們能放鬆並且感覺它，如果我們能全然感受它，順其自然，那就沒有問題。我們甚至能感受到它僅僅是凍結的能量，但它真正的本質是流動的、動態的、有創意的——只是一個無法抓住的覺受，卻不演繹出任何的詮釋。

停下來，便能把舊有習性燃燒殆盡

我們一再受苦的原因，並非因為這個不適的覺受，而是接下來發生的事，我將之稱為跟隨衝力、出氣、失控。這指的是在我們碰到不喜歡的情況時，就排拒自己的能量。它源自於我們慣有的強化貪愛、憎恨或者疏離的習性。它也源自於我們常常會出現的一些內在對話——我們對事情的批判、裝飾、貼標籤。

但是如果我們選擇的是如實知道、停下來、跟能量同在，然後邁步向前的修行，這不僅能減弱舊日的習性，而且能把一切舊有習性燃燒殆盡。這樣可以為我們帶來真實美妙的生活，也就是給毫無自我中心的新鮮體驗，留下了寬敞開放的空間。就在此時此刻，我們可以用更廣闊的角度來生活，允許各種經驗的存在——愉悅的、痛苦的、中性的。我們盡情地感謝永遠都有無窮的可能性，盡情地認識人類心靈中天生本具的開放、智慧和溫暖。

如果shenpa的教法在我們的心頭引起共鳴，我們又在禪修和日常生活中努力練習，那麼我們便可能開始問一些真正有益的問題。我們不會去問：我怎樣才能除掉相處不來的同事？或者，我怎樣向虐待我的父親討回公道？我們可能會開始好奇：要如何從根源上解除痛苦？如何學著知道我陷下去了？如何觀察我的所作所為，卻不覺得無望？如何找到一些安全感？一些溫柔？如何放下我的問題，不把它看得大不了？當我害怕時，是什麼可以幫助我活在當下？

我們也許也會問：以我現在的情況來說，我應該跟不安的感覺同在多久？這是個好問題，但是沒有正確的答案。我們就只是回到當下，一秒鐘、一分鐘、一小時——現在怎麼自然就怎麼好——而不必成為耐力測試。只是停下來兩、三個呼吸，就是一個全然活在當下的好方法，就是在好好運用我們的生命了。的確，這樣來運用我們的生命是極佳的、充滿喜悅的。如此我們便不致老是逃避，反而可以學著接受當下，好似我們邀請它來、跟它一起工作，而不跟它唱反調；讓它變成我們的盟友，而不是敵人。

智慧與智慧的共鳴

這是一個持續進行的過程，一個揭開我們天生本具的開放、智慧和溫暖的過程。我已經發現到，正如老師告訴我的：我們需要的早已都具備了。我們一直都有智慧、力量、自信、醒覺的心靈和心智，此地此時、一直如此。我們只是揭開，只是重新發現，並不是發明或從別的地方進口。它們就在此地，這就是我們會陷入黑暗卻突然又重見天日的原因，不知道怎麼地，我們又開心起來，或者放鬆，或者感受到我們心靈的廣袤。沒有人能把這種體驗給你，人們只能用教法和修行來支持你、幫助你，正如他們這樣支持並幫助我，然而，是你自己要感受到自己無窮的潛力。

以我為例，我的傳承給我的訓練是，對老師虔信是連結上開放和溫暖很重要的方法，他們的臨在讓人撥雲見日。我感到老師會盡一切力量來幫助我，就像他們的老師幫助他們一樣。然而，我們被教導絕對不可依賴老師，老師的角色就是把我們從他們身邊拉開，讓我們不再依賴，幫助我們最終長大。

這就是智慧與智慧共鳴，我們的智慧與老師的智慧共鳴。如果我們將他們的教法應用於生命和修行之中，我們就可以體悟他們所體悟到的。我們對老師的虔信是因為與他們的心智境界、心靈品質有所共鳴，這跟他們的生活風格和俗世成就完全沒有關係。講到我的老師丘揚創巴仁波切，他的行為很激進，我絕對不會師法他，但我的確努力以他的生命之道為榜樣。他以身教告訴我，我們可以無懼地喚醒自己，並且彼此互勉要清醒明智。

心靈修持的工具箱

怎麼樣才能不再受苦，這當然沒有簡單的答案，但我們的老師盡其所能地指導我們，交給我們一個心靈修持的工具箱。這個工具箱裝著相關的、有用的教法和修行，也引介了對實相的絕對觀點：念頭、情緒、shenpa並不像表面看起來那麼堅實。其中，能夠體現相對和絕對真理的主要工具，就是禪修，尤其是丘揚創巴仁波切所教導的。他說基本的修行就是完全活在當下，並強調要為我們的煩惱留出空間，讓它浮到表面，他說這可不是「放憤怒假」。

他看重這種基本修行，他的教導可歸納為，一次又一次回到我們對呼吸、感受，或其他的禪修目標的親切體驗，揭露對事物完全的開放性，如實看待而沒有概念的裝填。這讓我們照亮世界和自己，並無條件地感謝。他教我們看待恐懼、痛苦或者沒有根基的感覺，是去歡迎它們、變成它們的一分子，而不是把自己一分為二：一部分排拒或批判著另一部分。他教我們看待呼吸，是輕觸然後放下。他教我們看待念頭也是一樣：任由它們在空間中融化，而不是把禪修變成自我改進的專案計畫。

此處所說的禪修心態是一種放鬆，不強求要達到更高的境界。我們只是坐著，沒有目標，並不想變得更平靜或除掉所有的念頭。我們忠實地與師長的教導同在：舒適地坐著，眼睛睜開，精準卻輕輕地覺知禪修目標（不是緊繃的專注），心一旦散亂，就溫柔地回來。無論什麼事發生，我們不恭喜自己，也不咒罵自己。我們常常用的形象是一位老者，坐在太陽底下，注視著兒童玩耍，有一種沒啥事要做的心態。

很自然地，我們會在這個過程中睿智地保持耐性，給自己足夠的時間。這好比我們終其一生都踢著一個轉動的輪子，它有自己的衝力。輪子轉得很快，但現在我們終於學到如何不再踢它了。我們可以想見，輪子還會繼續轉動一段時間，不會突然停下來，這就是我們許多人覺察到自己的狀態：我們已不再踢輪子了，不會一直加強自己的慣性，但我們處在一個有趣的中間狀態——不老是陷下去，卻也還無法不再去咬鉤餌。這就是所謂的「心靈道路」，事實上，這就是全部。我們如何剎那剎那看待當下發生的事，真的就是全部。我們不再希冀修行成就，在過程中，我們只是不斷學著如何欣賞活在此時此地。

改變你觀看的方式，並靠近那感覺

幾年以前，深度的憂慮讓我招架不住，那是一種基本的、強烈的焦慮，其中並沒有故事情節。我覺得非常脆弱、非常害怕而且苦澀。當我坐下來，並和它一起呼吸，深入放鬆，和它同在，恐怖並沒有稍減。多天以後，它仍持續著，我不知道該怎麼辦。

我於是去見我的老師吉噶康楚仁波切，他說：「噢，我知道這個地方。」這讓我穩了些。他告訴我他在生命中陷入相同情形的時刻，說是旅程中很重要的一環，也是他偉大的老師。然後他做了一件事改變了我的修行：他要我來描述我的體驗。他問我是在哪裡感覺到的，他問我的身體有無痛、熱還是冷，他要我盡可能精確形容身體覺受的特質。這樣仔細探索了一段時間，他突然精神一振，說：「阿尼佩瑪，那是空行母大樂（Dakini Bliss），那是一種很高層次的心靈輕安！」我差點從椅子上摔下來，我想：「哇！這真棒！」我簡直等不及要再次感受那個強烈的感覺。但是你知道後來怎麼了嗎？當我熱切地坐下來修行，由於我原先的抗拒不見了，那個憂慮自然也不見了。

我現在知道，在非語言的層次，我當時對這經驗非常反感，我認為那種身體覺受很糟。基本上，我只想要它消失不見。但當我的老師說「空行母大樂」的時候，完全改變了我對它的觀點。所以我學到：對你的痛苦和恐懼保持興趣，移近些，貼近些，好奇些，甚至找一個剎那，感覺那體驗，超越標籤，超越好壞。歡迎它，邀請它，盡可能地融化抗拒。

於是下一次你失了心，不能忍受當下正在經驗的感覺，不妨回想一下這個教導：改變你觀看的方式，並靠近那感覺。這基本上是吉噶康楚仁波切的教導，現在我傳遞給你。我們不必責怪外在環境的不適或自己的弱點，相反地，我們要選擇活在當下，並從經驗中覺醒，不要排拒，不要攫取，也不要採信我們一直無情地告訴自己的故事情節。這是一個無價的教誨，指出受苦——你的苦、我的苦和一切眾生的苦——的真正原因。

第七章

為事情如實的面目而喜悅

保留我們生命中的悲哀，同時也不忘記世界的美麗和活著的美好。有時候，我們能夠讓自己的痛苦、他人的痛苦，還有我們的後悔，穿心而過，卻不致於沉淪其中。

我們一旦看清楚自己的所作所為，是如何被老舊的習性鉤住而失控，通常會因此而沮喪，因此覺得自己很糟糕。與其這樣，我們其實可以去理解到，我們能夠誠實地看待自己，是多麼需要勇氣，多了不起的一件事！這是把生命看成老師，而不是包袱。基本上，這是指學著活在當下，同時也和幽默感同在，對自己和外界保持慈心，對誠實自省的奇妙感到喜悅。丘揚創巴仁波切稱之為「和我們自己做朋友」。這友誼是基於了解自己的每一部分，卻沒有偏見，是無條件的友好。

學習停駐，是連結上天生本具的溫暖的基礎；它是愛自己，也是慈悲的基礎。你越能和自己一同停駐當下，就越能明瞭所有人碰到的情況。別人會感受痛苦，想逃開，跟我沒兩樣；別人會忙著把事情搞砸，也跟我一樣。

當我們開始看到 shenpa 的連鎖反應之後，我們對於這項成就不會產生優越感，相反地，這樣的洞察力只會讓我們謙卑，讓我們對他人的迷妄更具有同理心。我們看到別人上鉤或失控時，不會自動光火，反而更有機會看到彼此的相同之處。我們每一個人都是在同一艘船上，知道了這一點，我們會非常寬大為懷。

「有時候」就是一個大進步

在佛教有關慈悲的教法裡，有一種修行稱為「朝暮發願」（one at the beginning, and one at the end）。當我早上醒來，我就做這個修行，我為這一天發願。舉例而言，我也許會說：「今天，願我一上鉤就知道。」或者「願我沒有一言一行出於憤怒。」我儘量不浮誇，像是「今天，願我完全滅除煩惱。」我用一個清晰的意向開始，然後一整天都把它記在心裡。

到了晚上，我審察所發生的一切，這部分對西方人會很沉重。我們有一個不幸的習性，就是強調失敗。但是吉噶康楚仁波切教導我們說，對他而言，只要看到他念著自己的發願，即使一整天只有一個短短的時刻，他都會為之喜悅。他也說，只要注意到自己完全忘失了原來的發願，也會因為看到這一點而感到喜悅。這樣看待自己，對我來說，非常令人鼓舞。

他鼓勵我們自問，到底我們心中有什麼能看到了自己忘失了願？不就是我們自己的才智、洞察力和天生本具的智慧嗎？那麼，我們能否發願要有智慧看出自己傷了別人的感情，或者明明說不抽煙卻又食言？我們能否發願要更能看到自己做了什麼，而不只看到自己做錯了什麼？這是一種精神，我們因所見而喜悅，卻不絕望，同時，因慈悲的自省而建立信心，卻不致沮喪。

能夠認識shenpa，能夠知道我們什麼時候卡住了，就是解脫的基礎。只要能夠辨認出發生了什麼卻不去否定它，我們便應該為此喜悅。然後，如果你可以採取下一步，也就是不走上同樣的老路，雖然我們有時候做得到，有時候做不到，我們也可以為自己能打斷那個衝力而感到喜悅——「有時候」就是一個大進步。

我們可以因能夠如實知悉並有所節制而感到喜悅，卻也該知道修行會有進有退。有時候前進一步，再後退一步，也可能前進一步，後退半步。當有人在進行「瘦身計畫」（Weight Watchers）時，他們會被告知體重往往是上上下下，不見得是直線下降。瘦身要有耐性，如果一週內增加了體重，並不是問題，必須要從大處著眼，去看一整個月或好幾個月內體重的變化。

在「輝煌」和「苦難」之間得到平衡

我們處理那些固著的習性也是如此，我們慈悲地知道人們會進進退退。丘揚創巴仁波切有一個相關的法教，他說，我們要是一帆風順，能夠不斷甩掉慣性模式，一週又一週都沒有問題，就不會對那些自己上了鉤又出起氣的人有同理心。

他說，理想的心靈旅程需要在「輝煌」和「苦難」之間得到平衡。如果全是輝煌，一個成功接著一個成功，我們會非常傲慢，而且完全和人類的痛苦失聯。反過來說，如果都是苦難，我們從未增長任何洞察力，從未感到喜悅或鼓舞，我們則會變得太沮喪，於是乾脆放棄。因此，我們需要平衡，然而，人類這種物種，往往過分強調苦難。

舉例而言，當我們反省這一天，我們常把一整天都看得很慘淡，好像我們沒做過一件對的事，但如果有別人在場，譬如一位伴侶，他或她也許會說：「你不是本來有些情緒，然後出去走走回來就平靜了嗎？」或者「我看到你向那個坐在角落，駝著背、心情很低沉的人微笑，我看到他整個人都有精神了。」有時候必須靠別人點出實際的狀況。

在我們最日常的生活中，我們有快樂的時刻，有自在和享樂的時刻，看見一些我們喜歡、感動的事物的時刻，接觸到心的柔軟的時刻，我們都可以為此感到喜悅。我發現最好在一天中實際注意我們快樂的感覺或正面的事件，開始去珍視這些寶貴時刻，漸漸地，我們就可以珍視我們整個原原本本、有上有下、有成有敗、有逆有順的生命有多麼寶貴。

保持自覺而非不自覺就是一項奇蹟

走上「一上鉤就知道」的旅程之前，小事情會不停地、不自覺地觸發我們。最小的挫折或煩擾也會觸動我們，使我們看不到真正的情況。生命越來越充滿掙扎，我們也一直搞不清楚狀況。

一旦我們開始觀察，我們當然還是會被觸發，但是有一個非常重要的不同了：辨識出自己上鉤是魔術，慈悲地知悉自己上鉤是奇蹟。保持自覺而非不自覺就是一項奇蹟！我們越這樣做，能力就越增長。這是強迫不來的。只要減少自我欺騙，對世界的快樂和悲愁有所醒覺，這一切便自然發生了。

對自己所作所為內疚沒有一點用處。只要我們在行動中流露慈悲的專注，就會發生有趣的改變——我們的懊悔會變成對所有人慈悲的種子，所有人都像我們一樣有顆剛強固執的心、封閉的心、堅硬的心。讓這個體認把我們和其他人連結起來，讓它順其自然成為同理心的種子，於是我們不會對自己的所作所為深感羞愧而不能自拔，反而是邁步向前。

在《亂世中的快樂之道》（*The Art of Happiness*）[譯註]中，霍華德・卡特勒（Howard Cutler）問達賴喇嘛，在他生命中有沒有什麼事讓他覺得很糟，什麼事讓他後悔。達賴喇嘛說有的，他說了一個故事：一位年長的比丘有一天來看他，請教他一個高層次的佛法修行，達賴喇嘛不經意地告訴這位老比丘這個修法有點困難，也許由年輕些的人來修比較好，經教上說這是十幾歲的青少年修的法。後來他發現這位比丘自殺了，只為了有比較年輕的身體來有效承擔這個修法。

卡特勒非常驚異，他問達賴喇嘛如何處理他的懊悔，他也問他如何除去懊悔。達賴喇嘛停了很長一段時間，想了一想，然後他說：「我並沒有把它除掉，它還在。」他繼續說道：「即使懊悔的感覺仍然存在，但它並

[譯註]——中譯本由「時報」所出版（2010）。

沒有沉重的感覺或拉扯的特質。」

我非常感動。我們常有這種錯誤的想法：以為我們要不是懊悔，就是除去懊悔了。創巴仁波切曾說過，保留我們生命中的悲哀，同時也不忘記世界的美麗和活著的美好。有時候，我們能夠讓自己的痛苦、他人的痛苦，還有我們的後悔，穿心而過，卻不致於沉淪其中。達賴喇嘛繼續說，深陷於懊悔之中或者受懊悔牽制，對任何人都沒有好處，所以他從錯誤中學習，並繼續盡其所能救度他人。我們可以說他是位偉大的老師，因為他會處理自己的困境，這並不是說他走過人生卻片葉不沾身，沒有悲傷，沒有懊悔，他只是沒有把這些變成我們所謂的「內疚」或慚愧並且深陷其中，對自己或他人覺得無力感。

這個可能性不只發生在達賴喇嘛這樣的人身上，它等待著我們所有人，每一天的每一個時刻。當我們回顧前一個片刻、前一個鐘頭、前一天，如果我們逮到自己上了鉤，但我們可以打斷那衝力，即使很短暫，我們都可以隨喜。如果我們茫然不知發生了什麼事，又故態復萌，我們也能隨喜，因為自己有這種能力、這種智慧，自覺並知悉那個事實，然後邁步向前——也許對於犯錯，對於有進有退，終會多些見識，多些智慧，多些慈悲。

第八章

揭露天生本具的開放

天生本具的開放是一直都在的，這種開放並不需要製造，只要我們停下來，便能觸到那一剎那的能量，任何時刻皆是如此。就像丘揚創巴仁波切說的：「開放就像風，如果你打開門窗，風一定會吹進來。」

沒有什麼事物是靜態和永遠的，你我都在內。我們知道車子和地毯如此，新襯衫和DVD放映機也是一樣。但是落到我們自己和其他人的時候，我們比較不願意面對這個事實。我們對自己有一個非常堅實的看法，對他人也有非常固定的觀點。但是如果我們仔細觀察一下，我們會看到我們簡直沒有一點固定不動之處。其實，我們像河流一樣，不固定，不斷改變。為方便起見，我們把不停流動的河稱之為密西西比河或尼羅河，正如我們把自己叫做傑克或海倫一樣。但是河流連每一秒的一分一毫之一都不會相同——人們也同樣地變動，我是這樣，你也是這樣。我們的念頭、情緒、分子不斷地變動。

如果你習於訓練自己敞開心門，跟一切生起的現象同在——對生命的能量、對其他人、對這個世界——過一陣子，你就會發現你終可敞開心門接納變動的事物並與它同在。舉例而言，如果你真正敞開心門接納他人，你會發現他們在星期五和星期一並不一樣，我們每一個人在一週的每一天都可以看成是嶄新的，但是那人若恰巧是你的父母或兄弟姐妹，伴侶或老闆，你就會盲目地以為他們永遠都是一樣的。我們有個習性，喜歡給人貼標籤：他是一個惹人煩的人，乏善可陳的人，威脅到我們的幸福和安全的人，一個比我差或比我強的人，這個標籤遍佈各方，遠超過我們平常在家或職場中所熟悉的圈子。

這樣的標籤將造成偏見、殘酷和暴力。在任何時地，若有偏見、殘酷和暴力發生，無論是一個人對另一個人，還是一群人對另一群人，都有一個貫穿的主題：「這個人是一個固定的實體，他們**跟我不一樣**。」我們可以把某人殺掉，對犯下的暴行冷漠，因為「他們只是hajis」或「他們只是女人」或「他們只是同性戀者」。你可以用任何種族誹謗或者人格蔑視的標籤把跟自己不一樣的人填在空格裡。

我們可以用一種全然不同的方法來看待彼此——亦即努力甩掉固定的想法；好奇於任何事、任何人是否都不會永遠不變。當然，這必須從好奇並且放下我們為自己創造出來的有限故事情節下手，然後，無論發生什麼，我們都必須與它同在。我覺得很有益的是，我當下所感受的一切——

無論是悲傷、憤怒或憂慮；快樂、喜悅或歡欣——僅僅是當下所呈現的動態、流動的生命能量，這使我不再抗拒我的感受。因為我已修行這種方法好幾年了，我現在對於人類開放的接納性、醒覺和崇高很有信心，我也看到我們如何看待並對待彼此，能將這種崇高引發出來。

用一種全然不同的方法來看待彼此

在邁可·納格勒（Michael Nagler）所著的《找尋非暴力未來》（*The Search for a Nonviolent Future*）一書中，有一個故事說明了這一點。猶太夫婦邁可（Michael）和茱莉·魏瑟（Julie Weisser）——也可能是任何偏見和暴力的受害者——住在內布拉斯加州林肯市。邁可在猶太教堂很活躍，茱莉是一名護士。一九九二年起，他們開始接到白人至上主義三K黨（Ku Klux Klan）的威脅電話和紙條，當然，這在當時是不合法的也不能原諒的，但還是發生了。警察告訴他們可能是賴利．特拉普（Larry Trapp）所為，他是大龍（Grand Dragon），也就是該市三K黨的頭子。邁可和茱莉聽過賴利．特拉普是個仇恨薰心的人，而且知道他坐在輪椅上，因為幾年前遭到痛毆而導致殘障。

每一天，賴利的聲音都在電話那一頭出現，威脅要取他們性命，要他們傾家蕩產，傷害他們的家人和朋友。有一天，邁可在茱莉的支持下，當場決定嘗試一件事：在賴利再次打來，又開始大喊大叫時，他逮到一個說話的機會。他知道賴利因為坐著輪椅行動不是很方便，因此當他能插話時，他提議說可以開車帶他上市場。賴利安靜了好一陣子，後來講話的時候，聲音裡已經沒有憤怒，他說：「嗯，我已有安排，但還是謝謝你問我。」

到那個時候，魏瑟夫婦心裡對於解決這騷擾，還有更多想法：他們希望幫助賴利．特拉普從他的偏見和憤怒的折磨中解脫出來。他們開始打電話給他，告訴他如果他需要幫忙，他們都會在他身邊。不久，他們就去他的公寓，帶給他自家煮的晚餐，三個人有了更進一步的認識。賴利確實開始請求他們幫忙了。有一天，他們前往探望他的時候，賴利脫下一只常戴的戒指，給了他們。那是一只納粹戒指，它是一個象徵，表示他已經和三K黨脫離關係了。他告訴魏瑟夫婦：「我譴責他們所代表的一切，但我並不恨那團體裡的人……，如果說我恨三K黨人只因為他們是三K黨人，那麼我就還是一個種族主義者。」賴利．特拉普沒有用另一個偏見來取代前一個偏見，反而選擇放下所有封閉的心智。

我們每個人都像賴利．特拉普，會產生偏見，偏見出現的時候，合理化是常見的事。我們對「他們」的固定想法生起得很快，一再引起很大的痛苦。這是一個非常古老的習性、一個折磨人的習性、一個感受到威脅而引發的普世反應。我們可以用慈悲和開放來看這個習性，不要繼續增強它。相反地，我們可以認識到恐懼和憤怒的強大能量——或者我們可以感受到的任何能量——是生命自然的律動，跟它親密，跟它同在，沒有壓抑，沒有發洩，不讓它毀掉我們或任何人。這樣一來，我們的一切經驗都變成接觸本初善的完美機會，也變成保持生命能量開放和接納的完美助力。雖然聽起來有點激進，但我知道shenpa的確不一定會引發連鎖反應。我們的一切經歷，無論多困難，都可能成為邁向醒覺的開放通道。

任何時候都可以有嶄新的選擇

有時候，在真正危險的情況下，我們也許沒有餘地可以說什麼或做什麼來幫助他人，但是，我們可以訓練自己活在當下，不要去咬鉤餌。我接到一封朋友賈維斯·麥司特思（Jarvis Masters）的來信，他是一個死刑犯，信中他告訴我監獄中的氣氛非常暴力，有好幾次他能做的只是不傷害任何人，而且不要受攻擊力量的引誘。故事不見得都有快樂的結局。

如果你從事與暴力的人互動的職業，你便知道，不想上鉤並不那麼容易。但我們可以問：「我如何用開放的心來看待我不同意的人？」「我如何不受限於剛強固定的看法，而看得更深、聽得更深？」或者「我如何將一個不斷有暴力傾向的人，或者會傷害別人的人，看成跟我一樣是活著、有感覺的人？」我們知道，如果我們用先入為主的成見、用封閉的心智和心靈跟人接觸，那我們就永遠不能真誠地溝通，而且我們很容易就使情況變得更嚴重，導致更多的痛苦。

在仇恨、殘酷言行、一切不把人當人看的心態之下，總有恐懼在其中——全然沒有根基的恐懼。這種恐懼有一個柔軟地帶，還沒有被凍得堅實。我們雖然不喜歡恐懼，恐懼倒也不一定會產生攻擊性，或產生傷害自己或他人的慾望。只要我們感覺恐懼、或憂慮、或任何沒有根基的感覺，或只要我們認識到恐懼已經讓我們上鉤：「我一定要以牙還牙」或「我得躲到癮頭裡來逃避這事」，我們就可以把這些時刻看成是中性的時刻，是可以往這一頭走，也可以向那一頭走的時刻。我們在任何時候都有選擇。我們是回到毀滅性的舊習性？還是將一切感受變成機會和助力，跟生命產生嶄新的關係？

開放就像風，打開門窗便會吹進來

基本的覺醒，亦即天生本具的開放，是一直都在的。這種開放並不需要製造，只要我們停下來，便能觸到那一剎那的能量；只要我們慢下來，給自己一個間隙，本就存在的開放便降臨了，不需要下特別的功夫，任何時刻皆是如此。就像丘揚創巴仁波切說的：「開放就像風，如果你打開門窗，風一定會吹進來。」

下一次你情緒激動時，實驗一下注視天空。如果你在家裡或辦公室裡有一扇窗的話，走到窗口，抬頭看看天空。我有一次讀到一位男士的訪問，說在第二次世界大戰期間，他被拘留在日本的集中營裡，因為看到天空，看到雲仍飄浮，鳥仍飛翔，而活了下來。儘管他目擊著暴行，這卻給他信心，相信生命的美善會繼續存在。

我們陷進去的時候，通常都沉浸在故事情節中，而失去了正確觀點。

當我們陷在家中、工作上、監獄裡、戰爭中等痛苦情境時——亦即當我們陷入困難時，我們的觀點往往變得非常狹窄，甚至非常微小。我們有自動轉向內在的習性。花些時間注視天空，或者花幾秒鐘跟生命流動的能量同在，可以給我們更大的觀點——看到宇宙很廣大，我們只是空間中小小的一點，我們一直都有無窮無盡、無起無始的空間。於是我們了解自己的困境只是時間中的一個剎那，我們可以選擇：是加強慣性反應？還是步向解脫？對一切現象敞開心門接納，總是比情緒激動、在地球上製造更多攻擊性、在大氣中增加更多的污染來得好。

一切發生的現象都是轉變我們上鉤、情緒激動、關閉心智和心靈等基本習性的大好時機。我們所認識、所感覺、所思考的一切都是完美的助力，可幫助我們做個基本轉變，敞開心門。天生本具的開放有一種力量，可以賦予生命意義，而且能啟發人心。只要有一剎那認識到天生本具的開放性已然在此，你便會逐漸認識到天生本具的智慧和天生本具的溫暖也在此。就好像對廣闊性、永續性、你置身之處的美妙性打開了一扇門。

你早上醒來的時候，即使還沒有起床，即使你身處的地方令人害怕，或者一成不變甚至乏味、呆板，你都可以向外看出去，然後自覺地呼吸三次。就留在原處。當你排隊等候，你在散漫的心中讓出一個間隙。你可以看著自己的手並且呼吸，你可以看出窗外或俯瞰街道或仰望天空，無論你是放眼望去還是全心注意每個細節，都無所謂，你可拿這個體驗跟迷陷做個對比，把它看成不過是戳破一個泡泡，或者是時間中的一個剎那，然後你就繼續做你的事。

利用每一剎那
來促進世界的和平

禪修的時候，每一次你發現到自己在思考，就放下念頭，心便敞開了。丘揚創巴仁波切稱之為「從剛強固著的心解脫出來」。每一次呼吸逸入空中，心就敞開了。你可以將全部的注意力放在直接的體驗，你可以注視地板或天花板，或只是感覺臀部坐在椅子上。你明白我的意思嗎？你可以只待在此地，而非缺席、迷陷、沉入思考、計劃、憂慮——也就是包裹在繭中，切斷了感官的認知，切斷了聲音和影像，切斷當下剎那的力量和奇妙——不必這樣，你可以停下來。當你去鄉下、城市或任何地方散步，不時停一停，用這些時刻讓生命暫停一下。

在現代生活中，我們很容易損耗殆盡，尤其是電腦、電視和手機，簡直會催眠我們。只要我們處於自動運作模式，只是繞著我們的念頭和情緒跑，我們就會覺得招架不住。無論我們是在一個平靜的禪修中心，還是在世界上最忙碌、最迷陷的地方。在任何環境裡，你都可以讓出一個間隙，讓天生本具的開放降臨。一而再、再而三，我們可以留出空間讓自己清楚自己身在何處，讓自己認識到我們的心智有多麼廣大。在一天之中，找個方法慢下來，找個方法放鬆你的心，要經常這樣做，不是只在上了鉤的時候，要無時不做。

關鍵點在於我們如何原原本本看待此刻的生命，而不是等待情況變好了以後再說。我們總能連結上心的開放。我們可以運用每一個日子來醒覺，而不是沉睡回去。試試這種方法，下定決心在一天之中要停下來，而且能停就停。給自己一些時間來改變觀點，來體驗此刻呈現的自然生命能量，這會給生命帶來顯著的改變。而如果你擔憂世界的局勢，這正是你可以利用每一剎那來促使全球的侵略行動轉變成和平的方法。

第九章

痛苦的重要

我第二次婚姻破裂的時候，我感到哀傷的苦澀，全然沒根基的悲愁，我一向努力維持的護盾一時片片碎落。讓我驚異的是，在痛苦中，我同時也感到對他人產生毫無心機的溫柔。

我們還沒學到究竟什麼是天生本具的溫暖之前，往往必先感受到失落。我們長久以來一直受習性的推動，把生命視為理所當然。然後，我們自己或摯愛的人出了意外或罹患重病，那時就好像把原本蓋住眼睛的眼罩拿開，我們突然看見自己做了那麼多毫無意義的事，依戀著那麼多如此虛無的物件。

我母親去世之後，我必須一一檢視她的私人物品，這個覺知給我一個重擊。她保存著一盒盒她珍愛的文件和小玩意兒，隨著她一次次搬遷到更小的住處，都被仔細保存著，那代表了安全感和安慰，她捨不下。而現在，那只是一盒盒的物品，對任何人都沒有意義，也不對任何人代表安慰或安全感。對我而言，這些只是空虛的物品，但她曾經非常依戀。看到這個情形讓我覺得非常悲哀，但也想了很多。從此，我再也不能用同樣的眼光看待自己珍藏的物品，我看那些東西就是它們本身原原本本的樣子，既不珍貴，也非毫無價值。所有的標籤，所有的看法和意見，都帶著獨斷性。

這個體驗揭露了天生本具的溫暖。失去母親，以及清楚看到我們將判斷和價值、成見、喜歡這個和不喜歡那個加諸於世界，那種痛苦讓我對人類共同的困境產生極大的慈悲心。我記得我向自己說，世界充滿像我一樣的人，無事找事，又從找來的事中感到極大的痛苦。

心碎的時候，天生本具的溫暖自然生起

我第二次婚姻破裂的時候，我感到哀傷的苦澀，全然沒根基的悲愁，我一向努力維持的護盾一時片片碎落。讓我驚異的是，在痛苦中，我同時也感到對他人產生毫無心機的溫柔。我記得自己對郵局或市場上擦身而過的人產生完全的開放和溫柔，我發現自己開始接近跟我一樣的人——全然活著，可以卑劣和慈愛，可以跌跌撞撞，倒地又再站起來。我從未跟不認識的人感到那麼親密。我可以直視店員和汽車修理師、乞丐和兒童的眼

睛，感受到我們的相同之處。當我心碎的時候，天生本具的溫暖的特質，如慈愛、同理心和感謝，自然生起。

人們說，紐約在九一一之後的幾個星期，當人們認識的世界崩解了，整個城市的人都互相關懷、互相照顧。那時，要深入注視彼此的眼睛，一點問題也沒有。

危機和痛苦經常令人們連結上愛和互相關懷的能力。而這種開放和慈悲也經常很快就消失殆盡，人們又會變得非常害怕而比以前更加保護並封閉自己。問題不僅在於如何發掘我們基本的溫柔和溫暖，同時也在於如何與脆弱同在，如何與苦苦甜甜的脆弱易感同在。我們如何能夠放鬆並且對不確定感敞開心門？

我第一次遇見吉噶康楚仁波切時，他告訴我痛苦的重要。他住在美國教學十年了，知道他的學生們只把法教和修行放在浮泛的層次，直到他們遭到承受不了的痛苦才有所改變。佛法不只是消磨時間的嗜好，或偶一為之的涉獵，或用來放鬆的方式。當人們的生命崩壞的時候，這些教法和修行就跟食物或醫藥一樣的重要。

當我們感受痛苦時所生起的天生本具的溫暖，包括了一切心的特質：一切形式的愛、慈悲、感謝、體貼，也包括孤寂、悲傷，恐懼的動盪。在這些脆弱的感覺硬化之前，在故事情節出現之前，這些我們不想要的感受可孕育出慈愛、開放和關懷；這些我們擅長逃避的感受可使我們柔軟，並轉化我們。天生本具的溫暖裡含有的坦誠開放有時令人愉悅，有時則否——有時是「我喜歡，我要」，有時是相反。這個修行是訓練我們生出「不自在的溫柔」時，不要自動逃開。久而久之，我們便能擁抱它，就像我們擁抱慈心和真心感謝中「自在的溫柔」一樣。

讓出一個間隙，
留下一些空間，
讓改變發生

一個人做了某件事而生起了不想要的感受，然後呢？我們是開放，還是封閉？我們通常不由自主地關閉心靈。但只要沒有故事情節來升高我們的不安，我們還是可以觸到自己真誠的心。就在那一個時間點，我們辨識出自己正要關上心門時，就讓出一個間隙，留下一些空間，讓改變發生。吉爾．泰勒（Jill Bolte Taylor）在《奇蹟》（*My Stroke of Insight*）〔譯註〕一書中指出，科學證據顯示，任何特定情緒的生命期只有一分半鐘，在那之後，我們需要去喚醒、去重演它，它才會繼續運作下去。

我們一般的過程是用內在對話來餵養情緒，說另一個人是我們不安的來源，自動地去恢復情緒。也許我們狠狠向那人或其他人出氣——全都因為我們不想要靠近不愉悅感。這是非常古老的習性，這遮蔽了我們天生本具的溫暖，於是像你我一樣有同理心和智慧的人，變得思緒不清，彼此傷害。只要我們憎恨那些啟動我們恐懼或不安全感的人、那些帶來不受歡迎

〔譯註〕中譯本由「天下文化」出版（2009）。

的情緒的人，而且把他們看成是我們不自在的唯一原因，我們就會不把他們當人，而且貶損他們，並虐待他們。

我一旦了解到這一點，就很有動力要做個相反的練習，倒不是每一次都成功，但是年復一年，我越來越嫻熟於放掉故事情節，相信我有活在當下和接納他人的能力。要是你我下半生都從事這些事，要是我們每天花些時間把我們遇見的不認識的人放入視線焦點，給予關注，會怎樣？我們可以直視他們的臉，注意他們的衣服，注視他們的手，我們有許多機會這樣做，尤其我們若是住在大市鎮或城市中。我們匆匆走過乞丐，因為他們的困境讓我們不自在，我們也跟許多人在街上擦身而過，在公車或在等候室中比鄰而坐。如果那個人為我們買的日用品裝袋，或幫我們量血壓，或來家裡修漏水管，這樣的關係就會變得更親密些。還有在飛機上坐在我們旁邊的人，要是你坐在九一一事件中撞毀的其中一架飛機，同座的乘客就是你生命中非常重要的人。

我們可以把街上遇見的人都人性化，做為一種日常修行。我這樣修習時，不認識的人對我便非常真實。他們有清晰的面目，是一個活生生、有喜有悲的人，就像我一樣；他們有父母、有鄰居、有朋友、有敵人，就像我一樣。我也更能覺知自己對未曾謀面的普通人有不知從何而來的恐懼和批判和成見。我已洞察我和他人的相同性，也洞察了是什麼障蔽了智慧並使我感到疏隔。一旦覺知了自己的力量和迷妄，這個修行便發掘出天生本具的溫暖，令我們更貼近週遭的世界。

將困難情況視為是增長勇氣智慧、安忍仁慈的機會

只要我們走到另一個方向，只要我們一直待在自我中心，只要我們對自己的感受沒有自覺並盲目地去咬鉤餌，我們就會被 shenpa 激出僵硬的判斷力和固定的意見，於是我們就對任何會威脅我們的人封閉心靈。舉一個

常見的例子，你怎麼看抽煙的人？我沒有看過什麼人——不論抽煙或不抽煙——對這一點沒有shenpa的。有一次我在科羅拉多州博爾德（Boulder, Colorado）的餐館中，有一個從歐洲來的女士不知道室內禁止抽菸，她點燃了一根菸。餐館中原來非常吵雜，充滿了對話與笑聲，然後，她點燃了香菸，擦火柴的聲音讓整個地方安靜下來。你可以聽到自己的呼吸，餐廳中的義憤顯而易見。

如果我指出，世界上有許多地方對抽菸並沒有負面的觀感，而且，他們不安的真正來源並不是這位吸菸者，而是充滿shenpa的價值判斷，我想在場沒有幾個人會相信。

只要我們把困難的情況看成是增長勇氣和智慧、安忍和仁慈的機會，只要我們對上鉤更有自覺，不升高情緒，那麼，我們個人的苦難就可以將我們跟他人的不安和不快樂連在一起；我們通常覺得有問題的事，也成了同理心的來源。最近有一個人告訴我，他將此生奉獻給性侵犯的人，因為他了解他們的情況；原來他在青少年時代性侵了一名小女孩。另外一例是我碰到的一位女士，她小時候非常恨她暴力的哥哥，幾乎每天都想盡法子殺掉他。現在這讓她能夠很慈悲地幫助犯下謀殺罪的青少年犯，她可以和他們平等相處，因為她能理解他們。

佛陀告訴我們，最可預測的人類的痛苦是病和老。現在我已經七十多歲，我太了解這一點了。最近我看了一部電影，敘述一位心胸狹窄的七十五歲女士，她的健康走下坡，家裡也不喜歡她，她生命中唯一的仁慈來自她所養的忠心耿耿的博德牧羊犬。生平第一次，我認同這個老女人，而不是她的子女。這是一個很大的轉變：一個充滿全新理解的世界，同情心和慈愛的新紀元，忽然向我揭開了。

這就是個人痛苦的價值所在，因為我們可以第一手了解，我們都在同一艘船上，唯一有意義的，就是彼此關懷。

痛苦可以讓我們敞開，和世界建立充滿愛的關係

當我們感到害怕，當我們感到任何不安，我們都可以連結上其他人的害怕和不安感。我們可以暫停並碰觸害怕，我們可以碰觸排拒的苦楚和受輕蔑的苦楚。無論我們在家還是在公共場所，是堵在車陣中或是正要去看電影，我們都可以停下來，看看其他人，認識到他們就像我一樣，有痛苦，有喜悅；就像我一樣，不想受到身體上的痛苦、或不安全、或遭拒；就像我一樣，也希望受尊重，在身體上覺得舒適。

每當你觸到自己的悲傷或恐懼、憤怒或嫉妒，你就觸到了每個人的嫉妒，你了解到每個人的恐懼和悲傷。你夜半醒來，憂慮發作，等到你充分感受到了這種味道和氣息，你便分擔了一切人類和動物的憂慮和恐懼。你不會以為只有你一個人有苦惱，你因此連結上全世界處於同樣困境的人。故事不一，原因不一，但體驗則一。我們每個人的悲傷都有同樣的滋味，

我們每個人的憤怒和嫉妒、羨慕和上癮的貪愛，都有同樣的滋味，於是我們有了感謝和仁慈。盛糖的碗也許有兩兆個，但是糖的滋味全都一樣。

無論你正在經驗的是愉悅或不安，快樂或痛苦，你可以注視他人並對自己說：「就像我一樣，他們不想受這樣的苦。」或者「就像我一樣，他們也很感謝這樣的知足。」

當事情崩壞時，我們不能把碎片重新拼湊回來。當我們失去了摯愛的人，或者成不了事，或者不知何去何從，這就是你該去發掘、去擁抱那天生本具的溫暖、那同理心和仁慈的溫暖的時候了。我們有機會從自我保護的泡泡鑽出來，認識到自己從不孤獨。我們也有機會終於發現，無論身在何處，我們遇到的每個人基本上都像我們一樣。如果我們能夠面對自己的痛苦，痛苦便可以讓我們敞開，和世界建立充滿愛的關係。

第十章

無限的友善

照顧自己若只為了自己，永遠都得不到在一切崩壞時所需要的無可動搖的溫柔和信心。只要我們發展出對自己的慈，無條件地接受自己，我們便是以有價值的方式在照顧著自己，我們會跟自己的身、心自在相處。我們增長對自己的仁慈，也會增長對別人的仁慈。

我常聽達賴喇嘛說，對自己慈悲是對一切眾生慈悲的基礎。丘揚創巴仁波切提及如何真正的幫助他人、如何讓他人受益卻不干擾自己的計畫時，也教過這一點。他用三個步驟來呈現。第一個是**慈**（maitri），這個梵文指對一切眾生的慈心，然而丘揚創巴仁波切在此運用這個字詞來指對自己無限的友善，這顯然有自然導向對他人無限友善的意含。慈也有信任自己的意思——信任我們能徹底、完全了解自己，卻不會感到無望，也不會因為我們看到真正的自己而討厭自己。

我們要走向真正幫助他人的旅程，第二步是與心溝通。我們因為信任自己，便毋須對別人關閉心靈，就算他們激起我們強烈的情緒，但我們還是不會退縮。以保持開放的能力為基礎，我們就達到第三步，這是很難達到的成就：有能力把他人放在自己之前，助人卻不求回報。

建造房屋從打造穩定的地基開始，正因如此，我們若希望利益他人，就要從發展對自己的溫暖或友誼開始。然而，我們常見人們對這種友善抱持扭曲的看法。例如，我們會說我們需要照顧自己，但是有多少人真正知道如何下手？我們生命的焦點若還是依附安全感和舒適感，還是抗拒著苦痛，我們便感覺不到受關懷，更不會有興趣對別人伸出雙手。我們只會感覺受威脅或被激怒，更無法放鬆。

我認識很多人花了很多年的時間，以照顧自己為名，每天運動、按摩、做瑜伽，忠實地吃著某種食物或維他命，追尋心靈導師和不同的禪修方式。然後有些糟糕的事情發生在他們身上，結果經過這麼多年，他們並沒有增加面對情況時所需要的內心力量和對自己的仁慈，也沒有發展出幫助他人或環境的能力。照顧自己若只為了自己，永遠都得不到在一切崩壞時所需要的無可動搖的溫柔和信心。只要我們發展出對自己的慈，無條件地接受自己，我們便真正地以有價值的方式來照顧著自己。我們會跟自己的身、心自在相處，生活地更安適。只要我們增長對自己的仁慈，也會增長對別人的仁慈。

和平，是一種廣闊到可以包容一切的體驗

我們所尋求的和平並不是遇到困境或混亂就立刻崩塌的和平。無論我們尋求的是內在的和平還是全球的和平，或兩者皆是，若要體驗它，就要建立起對一切生起的現象無條件敞開心懷的基礎。和平並不是沒有挑戰、沒有順逆的體驗，而是一種廣闊到可以包容一切而不感威脅的體驗。

有時候我會好奇，我遇到緊急事故時會如何反應。我聽過人們在危急中生起勇氣的事蹟，也聽過一些痛苦的故事，人們因為太害怕了而無法在有急需時幫助他人。我們從不知道會發生什麼事，所以我常想自己會如何反應。舉例而言，如果我處在一個沒有食物的情況，但是我有一點麵包，我會和挨餓的人分享？還是會全部留給自己？如果我在感到一點點饑餓不適時考慮這個問題，過程可能會比較誠實。眼前的現實是，如果我把所有的食物給出去，那麼我的饑餓就解決不了，也許另外一個人會感覺好些，

但是我的身體確實會更虛弱。

達賴喇嘛有時候建議一週中有一天或者有一餐不進食，以便對世界上挨餓的人們感同身受。我獨自練習這個修行，發現會引起恐慌和自我保護。所以問題就在於，我們在苦難時該怎麼辦？苦難打開還是關上我們的心？我們饑餓時，身體不適增加我們對飢餓的人和動物的同理心，還是增加了我們對饑餓的恐懼，也加強了我們的自私？

這樣思惟後，我們可以對我們現階段的情況完全誠實，同時覺知我們明年或五年後會是什麼情況，或我們死亡的時候會是如何。今日我也許會恐慌，連一粒麵包屑都給不出去，但是不必在絕望中沉淪。我們有機會活得恐懼日少，威脅日減，更能自發地幫助他人，卻不必問自己：「這樣我有什麼好處？」

看似失敗，實則是轉機

一位五十歲的女士說了她的故事。她在二十五歲時碰上飛機失事，她非常恐慌，急著要在飛機爆炸前逃出去，沒有停下來幫助什麼人，最痛苦的是，她沒有幫助一個被安全帶纏住、動彈不得的小男孩。失事時，她已是修行了五年左右的佛教徒，她看到自己的反應，令她心驚，而且非常慚愧，大約有艱苦的三年都沉淪在憂鬱當中。但最後她不再悔恨自責，走向自我毀滅，反而對他人敞開心門。她不但決心走在心靈道路上，以增長幫助他人的能力，而且還努力幫助處於危機中的人們。當時看似一場失敗，現在卻使她成為更有勇氣和慈悲心的人。

佛陀在菩提樹下證悟以前，受過各種可能的引誘。他受到慾望的事物、貪愛的事物、侵略的事物、恐懼的事物的攻擊，那些引誘我們上鉤，讓我們失衡的種種事物。他非比尋常的成就是活在當下，精準異常，沒有受到任何誘惑。經教中的故事說，無論出現的是魔鬼，還是配備著武器的兵士，還是誘人的女子，他完全無動於衷。然而，我常常想，也許佛陀在那長夜之中，**確實曾感受到**情緒，但他辨認出那只是一股動態的能量穿過，心理感受和生理覺受生起又滅去，生起又滅去，沒有引發連鎖反應。繪畫中描繪這個過程為弓箭化為花朵——佛陀坐在菩提樹下，兵士向佛陀射出千百支頭帶火燄的弓箭，但弓箭變成了花朵。只要生生滅滅的能量從我們身上穿過時不引發情緒，那麼原來會毀滅我們的，反而會由禍轉為福。

安住於自己的能量

有一個問題讓我感興趣很多年了：我們既不得脫身，那麼，我們如何能從當下的狀況入手，仍培養出無條件的自我接納，而不生內疚和憂鬱？

我發現一個最有用的方法就是慈悲安住（compassionate abiding）的修行，這是將溫暖帶到不想要的感受上，是直接擁抱我們的經驗，而不推拒。所以下一次你發現自己又上鉤了，不妨用這種方法實驗一下。

一碰觸上鉤的感受，你就吸氣，完全放任這種感受，並且對它敞開心門。既深長又放鬆地吸氣——或者用任何可幫助你放任感受、也不推拒的其他方式。然後再呼氣，放鬆，給感受一個空間，仍和衝動和緊張的感受同在，譬如說貪愛或侵犯。呼氣並不是把不安的感受送走，而是透透氣，放鬆周圍的緊繃，覺知不自在發生的空間。

這個修行幫助我們培育慈心，因為我們願意去碰觸自己並不感驕傲的那一部分。我們碰觸自己覺得不該有的感受——失敗的感受、羞慚的感受、殺氣騰騰的怒氣；還有一切政治不正確的感覺，像是種族偏見、輕視比我們醜或劣等的人、性上癮和恐懼症。我們用吸氣和開放，碰觸自己一切的感受，超越喜歡或不喜歡，然後我們呼氣並放鬆。這樣持續一段時間，或者想持續多長就多長，和呼吸同步。這個過程有貼近的特質，吸氣和貼近幾乎相同。我們碰觸感受，如果有幫助的話，去感受身體裡的覺受，同時我們吸入這身體覺受。

修行的過程中，我們將堅硬的、慣性反應、排拒的能量，質變成基本的溫暖和開放。聽起來很不可思議，但其實非常簡單而且直接。我們只需要吸氣並感受一切生起的現象，再呼氣，繼續感受一切現象。這是一個處理負面情緒的方法，藉此體察到負面能量在本質上並不是問題。我們只會在無法與強大能量同在而失控時，才有迷妄。和自己的能量一同活在當下，能量便可繼續流動，這是終極的不侵犯，終極的慈心。

心的修行、最深層的修行

慈悲安住是一個單獨的修行，但是它可以成為施受法（tonglen）——接受和送出的練習——的預先準備。施受法是一個古老的修行，為的是要讓「一切為我」的想法發生短路。這個修行的邏輯就像慈悲安住，一開始吸入並且對威脅到「我最重要」的感受敞開心門，我們吸入自己一直想擺脫的感覺。施受法的吐氣是送出快樂和舒適、有意義的和所渴望的，並送出我們為了寶貴的生命而去攫取或依戀的。

施受法和慈悲安住一樣，開始時我們吸入痛苦，送出緩解，和呼吸同步，然而施受法強調的總是緩解他人的痛苦。當我們吸入不安適，我們可以這樣想：「願我完全感受這種不安適，以使我和一切眾生都能不再受苦。」當我們呼出緩解時可以這樣想：「願我送出完全的知足，讓一切眾生感到放鬆，跟他們自己和世界相處得更自在。」換句話說，施受法超越慈悲安住，因為這個修行囊括了一切眾生的痛苦，希望痛苦得以解除。

當我們更有勇氣來體驗不想要的感受，施受法就得到進一步的發展。譬如說，只要知道你上鉤了，就吸氣，理解這個感受是一切眾生共有的，你發願要解除他們的痛苦，即使最初只是一個概念；呼氣時，你送出緩解給每一個人，不過要知道，你的直接體驗，也就是你現在所嘗到的體驗，還是了解其他眾生感受的基礎。這樣一來，施受法就成了心的修行、最深層的修行，而不是一個頭腦的修行或知性的工作。

我們常見有幼小孩子的父母，自然會把小孩放在優先順序。要是小孩子生病了，媽媽和爸爸毫無困難地希望他們能夠拿走小孩的痛苦，如果可以，他們會很高興地吸入並帶走，而且高興地呼出緩解。

我們建議施受法要從容易的情況著手，對不認識的人做施受法，很難；對不喜歡的人，幾乎不可能。你很想吸入街上乞丐的痛苦，卻不太確定自己願不願意。你有多願意做進階施受法，吸入你很討厭的人的痛苦而且送出緩解？從我們現在的角度，這個要求可能太過，太令人招架不住，而且太荒謬。

這就是施受法修行困難的理由，因為我們不願去感覺街上的人或敵對的人給我們的感覺，當然這個又讓我們回來慈悲安住中，並且和自己做朋友。我們更進一步，把心向更廣大的人群敞開，正是施受法的過程。這讓我看到，如果沒有慈心，我被激起某些感受時，總是對人關上心門。

下一次有機會的話，走到外面，對你碰到的第一個人做施受法，吸入他們的不安適，送出身心健康和關懷。如果你身處城市，只要站定一下，選一個引起你注意的人，然後做施受法。一開始，你碰觸他所引起的憎恨或吸引力，甚或中性的不感興趣的感受，吸氣，碰觸這些感受，和慈悲安住一樣，但這樣想：「願我們兩人都能夠有這樣的感覺，使我們不會對他人關閉心門。」呼氣時，送出快樂和知足給他們。如果你碰到一個明顯有煩惱的動物或人，停下來，吸氣，願他們免於煩惱，並向他們送出緩解。最高階的施受法，你吸氣，願你真能把他們的苦惱拿過來，讓他們沒有苦惱；呼氣，願你真能把你所有的舒適和自在給他們。換句話說，你願意實際上站在他們的立場設身處地，如果有益的話，也讓他們站在你的立場設身處地。

不管困難多大，我們都和自己一起活在當下

這樣做之後，我們確實學到了自己的開放之處和封閉之處。我們很快會學到，在幫助別人以前，我們在能力所及之處，僅僅是修習慈悲地和自

己的迷妄感受同在，因為現階段我們的努力比較可能造成一團亂。我知道許多人想當老師，或者餵飽街友遊民，或者開診所，或者用什麼方法真正的幫助別人。先不論他們慷慨的意向，他們其實不知道，如果他們計畫和人們密切共事，他們可能有許多shenpa，他們意圖幫助的人不見得都把他們看成救星，事實上，人們可能會批評他們，讓他們不得安寧。老師和各種想提供幫助的人若都在壯大自我，幫助就很有限了。事實上，去幫助別人是非常快速戳破自我泡泡的方法。

所以，我們先從跟自己的感受做朋友，並為自我這位老好人培養出溫暖。慢慢地，非常慢地，溫柔地，非常溫柔地，我們開始冒更大的險，去碰觸更多困難的感受。這會令我們信任自己有力量和善心，用尊嚴和仁慈來生活在這個珍貴的世界裡，雖然其間可能地雷遍佈。有了這種信心，和其他人連結就更容易了，因為不管困難多大，我們都和自己一起活在當下，還有什麼可害怕？儘管他人可以激起我們內心情緒，但我們不需要反擊或關閉。無我的助人，助人卻沒有一己的算計，就是幫助了自己。我們感覺到對自己的愛，也因此感覺到對他人的愛。久而久之，我們過去覺得分離的人事物便越來越融入我們的心中。

尾聲

把這一切帶到世界上

在人類深層的精神領域裡，存有一座勇氣的庫藏，它一直都在，一直等待著我們去發現。

丘揚創巴仁波切生命的最後一年，他不斷教導著創造開悟社會的可能性——個人可以對自己培養無條件的友善，並對他人培養無條件的關懷。當我們努力從事兩者中任何一者，都會發現其實不容易。要能接納自己並且把他人的福祉放在我們之先，抗拒力量出人意表地強大，然而，他懷著熱心和信心告訴我們，我們有了不起的能力，可以勇敢、開放、柔軟——我們有了不起的能力可以成為心靈勇士、無所畏懼的男女，來療癒世間的悲愁。

佛教高僧寂天菩薩走上了一段訓練心靈勇士的旅程，在他所造的論典《入菩薩行》裡，他述說菩薩或心靈勇士展開旅程，必先從誠實注視自己的心和情緒狀況起步。要救度他人免於迷妄，必先從願意接納自己，毫無欺騙開始。

你可能會以為訓練的用意既是利益他人，那必只聚焦於他人的需要，但是寂天菩薩大部分的法教都是很善巧地處理我們自己的盲點。我們若不這麼做，不會清楚他人的感覺以及如何撫慰他人。一旦知道我們的悲哀和喜悅跟他人的悲哀和喜悅沒有不同，我們才會有真正的體悟。寂天菩薩說，既然地球上每一個眾生都感到不安全和痛苦，就像我一樣，為什麼我還要把重點只放在自己身上？

本書嘗試仔細觀察我們如何卡在現階段狹窄而且自我中心的視界，也嘗試傳遞我的老師教我們如何脫鉤的法教。然而，呈現這些資料的動機並非希望我們每個人都變得更快樂，主要的用意乃是我們也許可以跟隨此處的忠告，讓我們的眼界能超越自己的福祉，並考慮他人甚深的痛苦和世界危脆的情況。只要我們改掉自己不良的習性，我們就同時改變了這個社會。我們的覺醒和整個開悟社會的覺醒交錯在一起，如果我們對侵犯和上癮失去胃口，整個地球都會隨喜。

為了一切眾生，我希望你能加入我們日漸成長的社群，我們來自地球上的每一大洲，都是發了大願、獨立成熟的心靈勇士。願我們永不放棄對世界真誠的關懷，願我們的生命化為喚醒我們天生本具的智慧，開放、溫暖的訓練場，願這本小書在心靈道上能有所幫助。正如丘揚創巴仁波切歡欣地宣稱：「我們做得到！」

附錄一

延伸閱讀

- 《減壓，從一粒葡萄乾開始》（2012），作者：鮑伯．史鐸、依立夏．高斯坦，心靈工坊。
- 《心的自由：達賴喇嘛 vs 艾克曼談情緒與慈悲》（2011），作者：達賴喇嘛、保羅．艾克曼，心靈工坊。
- 《世上最差勁的佛教徒》（2010），作者：瑪莉．派佛，心靈工坊。
- 《當下覺醒》（2010），作者：史蒂芬．鮑，心靈工坊。
- 《美好五分鐘：平靜專注的一百則練習》（2009），作者：傑弗瑞．布蘭特力、溫蒂．米爾斯坦，心靈工坊。
- 《無怨悔的世界：學習心靈安住的智慧》（2009），作者：佩瑪．丘卓，明名文化。
- 《生命不再等待》（2008），作者：佩瑪．丘卓，心靈工坊。
- 《當修行者遇見大師》（2008），作者：麥可．羅區，圓神。
- 《當光亮照破黑暗：達賴喇嘛講入菩薩行論〈智慧品〉》（2008），作者：達賴喇嘛，橡樹林。
- 《你可以更慈悲：菩薩三十七種修行之道》（2007），作者：頂果欽哲法王，全佛。

●《心的導引：從忙亂到安住的藝術，調心九階段》（2006），作者：薩姜・米龐仁波切，橡樹林出版。

●《覺悟勇士：香巴拉的智慧傳承》（2006）作者：邱陽・創巴，橡樹林。

●《108問，與達賴喇嘛對話》（2006），作者：達賴喇嘛，心靈工坊。

●《當野馬遇見馴師》（2005），作者：邱陽・創巴，知識領航。

●《隨在你：放心的智慧》（2005），作者：吉噶・康楚仁波切，心靈工坊。

●《不逃避的智慧》（2005），作者：佩瑪・丘卓，心靈工坊。

●《達賴喇嘛在哈佛：論四聖諦、輪迴和敵人》（2004），作者：達賴喇嘛，立緒。

●《與無常共處》（2003），作者：佩瑪・丘卓，心靈工坊。

●《超越的智慧》（2003），作者：達賴喇嘛，立緒。

●《大圓滿》（2003），作者：達賴喇嘛，心靈工坊。

●《轉逆境為喜悅》（2002），作者：佩瑪・丘卓，心靈工坊。

●《突破修道上的唯物》（2001）作者：邱陽・創巴，眾生。

●《當生命陷落時》（2001），作者：佩瑪・丘卓，心靈工坊。

●《平心靜氣：達賴喇嘛談愛、慈悲與容忍》（2000），作者：達賴喇嘛，遠流。

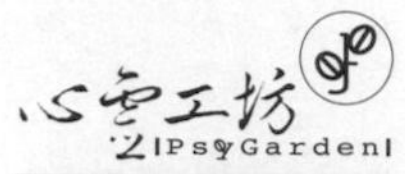

Holistic 074

不被情緒綁架：擺脫你的慣性與恐懼

Taking the Leap: Freeing Ourselves from Old Habits and Fears

作者—佩瑪・丘卓（Pema Chödrön）
譯者—雷叔雲

出版者—心靈工坊文化事業股份有限公司
發行人—王浩威　　總編輯—徐嘉俊
特約編輯—祁雅媚　美術編輯—羅文岑
通訊地址—10684台北市大安區信義路四段53巷8號2樓
郵政劃撥—19546215　戶名—心靈工坊文化事業股份有限公司
電話—（02）2702-9158　傳真—（02）2702-9258
Email—service@psygarden.com.tw　網址—www.psygarden.com.tw

製版・印刷—中茂分色製版印刷事業股份有限公司
總經銷—大和書報圖書股份有限公司
電話—（02）8990-2588　傳真—（02）2990-1658
通訊地址—248新北市五股工業區五工五路二號
初版一刷—2012年7月　初版十一刷—2024年5月
ISBN—978-986-6112-43-0　定價—240元

國家圖書館出版品預行編目資料

不被情緒綁架：擺脫你的慣性與恐懼／佩瑪・丘卓（Pema Chödrön）作；雷叔雲譯.
-- 初版. -- 台北市：心靈工坊文化，2012.7　面；　公分
譯自：Taking the Leap: Freeing Ourselves from Old Habits and Fears
ISBN 978-986-6112-43-0
1. 藏傳佛教　2. 佛教修持
226.965　　101009325